Christa Meves

in der Herderbücherei

Joachim Illies

in der Herderbücherei

Herderbücherei

Band 571

Über das Buch

Die Lebensweise des Menschen in der technisierten Welt des 20. Jahrhunderts hat sich so verändert, daß viele nie dagewesene neue Schwierigkeiten auftauchen, die uns zu neuen Lern- und Bewußtseinsprozessen nötigen. Die seelische Tragfähigkeit des Menschen hat sich enorm verringert und läßt nach den Ursachen fragen. Christa Meves beschreibt in ihrem neuen Taschenbuch unsere neuen Zeitkrankheiten. Sie läßt uns nachdenken über die Zunahme der Depressionen der Menschen mitten im Wohlstand, über die Zunahme der Pubertätsmagersucht der Mädchen, über die Folgen einer rasant ansteigenden Scheidungsquote, und sie zeigt unserer aller Verantwortung, vor allem aber die Verantwortung der Ärzte auf. Christa Meves will Gespür für modische Gefahren wecken, zum Vorbeugen aufrufen und weist dazu gezielt Wege auf. Sie bleibt auch nicht in der oberflächlichen Erklärung einzelner seelischer Erkrankungen stehen, sondern versucht immer wieder auf die geistigen Hintergründe bzw. auf die geistigen Fehleinstellungen hinzuweisen mit dem Ziel, den Menschen zu helfen, mit unserer veränderten Lebensweise zurechtzukommen und eine tragfähige Lebensbasis zu finden.

Über die Autorin

Christa Meves, geboren 1925. Studium der Germanistik, Geographie und Philosophie an den Universitäten Breslau und Kiel. Staatsexamen in Hamburg, dort zusätzlich Studium der Psychologie. Psychagogen-Ausbildung an den Psychotherapeutischen Instituten Hannover und Göttingen. Frei praktizierend in Uelzen. Arztfrau und Mutter zweier Töchter.
Vortrags- und Lehrtätigkeit in Rundfunk und Akademien sowie in zahlreichen Arbeitskreisen. Neben Veröffentlichungen in Fachzeitschriften folgende Bücher:
Erziehen lernen in tiefenpsychologischer Sicht (Bayerischer Schulbuchverlag, [5]1975), Erziehen und Erzählen – Von Kindern und Märchen (Kreuz-Verlag, [4]1974), Ermutigung zum Leben (Kreuz-Verlag, [4]1975), Verhaltensstörungen bei Kindern (R. Piper & Co., [5]1975), Mut zum Erziehen (Furche-Verlag, [7]1975), Die Schulnöte unserer Kinder (Furche-Verlag, [5]1974), Ich reise für die Zukunft (Verlag Herder, [2]1974), Ich will leben (Verlag Weisses Kreuz, [4]1976), Ninive darf nicht untergehen (Verlag Weisses Kreuz, [4]1976), Wer paßt zu mir (Verlag Weisses Kreuz, [3]1976).

Christa Meves

Unser Leben muß anders werden

Herderbücherei

Originalausgabe
erstmals veröffentlicht als Herder-Taschenbuch

1. Auflage Mai 1976.
2. Auflage August 1976

Inhalt

Einführung

In der Bundesrepublik Deutschland nehmen sich pro Jahr 13000 Einwohner das Leben, 12000 junge Menschen sind Frührentner aufgrund einer irreparablen Rauschgiftsucht. 1,2 Millionen sind als alkoholkrank registriert. Nicht zuletzt durch den zunehmenden Alkoholismus haben die Verkehrsunfälle eine steigende Tendenz. Dagegen: nur noch 1,6 Kinder bekommt als Ergebnis einer rasanten Talfahrt des Geburtenrückganges die deutsche Frau. Es werden weniger Kinder geboren, als Menschen bei uns sterben. Jedes dritte Kind hat, meist aufgrund eines ungenügenden Gesundheitszustandes der jungen Mutter, eine komplizierte Geburt, ist ein Risikokind.

Die Kriminalität ist enorm gestiegen. Wir haben uns daran gewöhnt. Man muß sich zu schützen versuchen. Wer im Dunklen allein ausgeht, ist selbst schuld, wenn er überfallen wird. Wenn einer seine Brieftasche im verschlossenen geparkten Auto läßt, ist es ebenfalls seine Sache, wenn er sie nach seiner Rückkehr nicht mehr vorfindet – so gibt man den Bürgern unseres Landes zu verstehen.

Unsere Schulen sind ein Spektakulum des Desasters geworden. Zwanzig Prozent der Schüler schaffen nicht mehr den Hauptschulabschluß. Aber ohne ihn hat man praktisch keine Möglichkeit, eine Lehrstelle zu bekommen. Diese Plätze nehmen oft schon die Abiturienten ohne Studiermöglichkeit ein – aber bei den Lehrherren sind die zuverlässigen und anspruchslosen Ausländerkinder sehr viel begehrter. Die Ehen halten nicht mehr. In Schleswig-Holstein zum Beispiel nahmen die Ehescheidungen im Jahre 1974 um 125% zu. Die Drachensaat, vor der ich seit Jahren unausgesetzt warne, ist aufgegangen.

Dies alles geht anscheinend niemanden etwas an. Die fehlenden Maßnahmen gegen unsere Notstände können uns das nur allzu deutlich sagen. Liberale Demokratie heißt heute offenbar, daß für das Leben der Menschen, für die Möglichkeit einer Zukunft zentrale Institutionen nicht mehr verantwortlich zeichnen. Jeder muß eben sehen, wie er durchkommt.

Wir, die wir in diesem Land leben, dürfen das nicht nur einfach beklagen, sondern wir haben uns aufgerufen zu fühlen, unser persönliches Leben verantwortungsbewußt in die Hand zu nehmen. Dazu bedarf es eines Lernprozesses, bedarf es des Mutes, wissenschaftlich fundierte Erfahrungen nicht zu übersehen und klare, auch unbequeme Schlußfolgerungen zu ziehen. Dazu bedarf es einer Revision der geistigen Basis, auf der unser Leben steht, bedarf es eines Fragens nach den tieferen Zusammenhängen. Je mehr Menschen verstehen, daß Liberalität und Wohlstand eine schwere Prüfung, eine Herausforderung des einzelnen Menschen sind, der er sich, mit Bewußtsein gewappnet, kämpfend zu stellen hat, desto mehr Chancen haben wir, zu überleben. Hilfe dazu will das vorliegende Taschenbuch vermitteln; denn die Ursachen und Wirkungen greifen folgerichtig ineinander: der seelisch labile, wurzellose, der ungeborgene Mensch ist es, der anfällig wird für den Alkoholismus, die Rauschgiftsucht, die Kriminalität, die Neurose und die Sucht zum Selbstmord.

Gedanken und Erfahrungen auf dem Boden meiner Praxisarbeit des vergangenen Jahres sind deshalb zu diesem Band zusammengestellt worden. Dabei wird in einigen Aufsätzen und in voller Absicht wiederholt auf die Grundkausalitäten unserer Nöte hingewiesen in der Hoffnung, daß mit dem Ansteigen des Leidpegels mehr Menschen wach werden und zu fragen beginnen.

Wir müssen uns und unseren Kindern neu die Bedingungen schaffen, die es möglich machen, in diesem Leben zu verwurzeln, um einen kräftigen Lebensbaum abzugeben. Und das läßt sich lernen. Die wissenschaftlichen Erfahrungen darüber haben uns die letzten Jahre erbracht. Sie zur Kenntnis zu nehmen und uns danach zu richten, ist nicht nur unsere Pflicht, sondern in später Stunde die einzige Chance, für uns und unsere Kinder auch jenseits des 20. Jahrhunderts ein menschenwürdiges Leben als freie Menschen zu erwirken.

Im Januar 1976   Christa Meves

Der moderne Mensch
zwischen Todesfurcht und Lebensangst

„In unserer Arbeit", so berichtete mir vor kurzem ein Internist, „sehen wir immer öfter Patienten, die gewissermaßen nicht leben und nicht sterben können." Ich meine damit jene Menschen, die, wie die gründliche Durchuntersuchung beweist, kerngesund sind, die aber von der panischen Furcht getrieben werden, daß man bei ihnen eine Krankheit zum Tode feststellen könnte. Es zwackt sie hier, es zwackt sie da, sie lauschen angstvoll, geradezu hypochondrisch in ihren Körper hinein, lesen Gesundheitshausbücher und treiben sich in immer neue Befürchtungen hinein. Es hilft ihnen nicht viel, daß man ihnen in relativ kurzem zeitlichem Abstand der Vorsorgeuntersuchung bestätigt, daß alles in Ordnung sei; ihre Hypochondrie ist wie der Drache der Sage, dem, wenn man ihm einen Kopf abschlägt, unverzüglich sieben neue wachsen. „Merkwürdigerweise", sagt der Mediziner und schaut mich fragend an, „handelt es sich bei diesen Patienten meist keineswegs um Menschen, die besonders lebenslustig und genußfreudig sind – im Gegenteil: es sind häufig vorsichtige, generell ängstliche Menschen, die auch den Flug oder die Autofahrt zum Ferienort nicht wagen. Diese Menschen fürchten den Tod nicht etwa, weil ihr Leben besonders glutvoll ist – im Gegenteil: Lebensangst und Todesfurcht wachsen gewissermaßen auf einem Holz. – Und noch eine weitere Erfahrung gehört zu dem mir unerklärlichen Verhalten dieser Menschen", fährt der Arzt fort, „gerade bei ihnen wird man manchmal plötzlich aus heiterem Himmel von der Nachricht überrascht, daß sie sich das Leben nahmen – das Leben, das sie vorher mit meiner Hilfe über Jahre so ängstlich zu hüten suchten. Einer dieser meiner gesunden Patienten war, bevor er sich vergiftete, konstant auf strengste Gesundheitsführung bedacht. Es gab keine Kneipp-, Reformhaus- und Bircher-Benner-Vorschrift, die er nicht in peinlichster Sorgfalt durchgeführt hätte. Er verbrachte täglich mehrere Stunden damit, sich „fit zu halten", wie er sich ausdrückte, sich durch Massagen, gymnastische Übungen, Diätkuren und dem Erproben der verschiedensten Hormon- und Vitaminpräparate mit seiner Körperpflege zu beschäftigen. Was geht in der Psyche dieser Menschen vor?"

Unversehens drängt sich den Zuhörern bei dieser Schilderung der Satz Christi auf: „Wer das Leben zu retten sucht, der wird es verlieren." Man spürt die manchmal sogar ausweglose Verkrampfung, in die solche Menschen mit ihrem Lebenserhaltungswahn hineinschlittern. Wo hat sie ihre Ursache, und warum nimmt sie bei den heutigen Menschen so zu?

Ich glaube, daß das Ausgeliefertsein an solche Ängste – außer in der speziellen persönlichen Situation, die hier einmal unerörtert bleiben soll – etwas mit der Lebensverengung des modernen Menschen zu tun hat. Wieso Lebensverengung, werden meine Leser überrascht fragen? Weil mit der Erweiterung der expansiven Möglichkeiten des Menschen mit Hilfe der Technik gleichzeitig eine Einschränkung seiner Höhen- und Tiefendimension einherging.

Das hat der moderne Mensch nicht gemacht – das ist ihm geschehen. Tiefe und Höhe des Gefühls fällt dem Menschen nicht einfach zu. Eine bergende, beschauliche Kindheit mit Erlebnissen der Freude und Trauer in einer Dosierung, die dem noch ganz offenen, aber auch noch ganz ausgeliefertem Kind angemessen ist, läßt seine Empfindungsmöglichkeit von großer, herzsprengender Freude bis zum tiefen, herzzerreißenden Schmerz allmählich wachsen. Freude und Schmerz verhelfen dem Menschen zu der Möglichkeit, über den Tellerrand des Materiellen, Sichtbaren, Hör- und Greifbaren hinauszufühlen. Und ein solches Hinausfühlen ist Vorbereitung zum Durchschauen der Zusammenhänge unseres Lebens. Das Agieren in der Wirklichkeit allein kann ein solches Hineinschauen, ein solches „Durchschauen" nicht erbringen. Nun strebt der Mensch zwar nach Freude und Lust; Leid und Unlust möchte er begreiflicherweise einschränken, ja vermeiden. Vielen Erfindungen des Menschen liegen kluge Versuche zugrunde, Schmerz und Unlust zu verringern, ja sie am besten, soweit das möglich ist, abzuschaffen. Zu Aktionen dieser Art gehört auch der Kampf der Mediziner gegen das Leiden, den Schmerz und den Tod.

Mit dem Tod ist der Mensch früher meist in blanker Härte

konfrontiert worden. Die hohe Kindersterblichkeit, das Erleben der vielen kleinen Särge in der Diele des Hauses, der Sarg der jungen Familienmutter, die im Kindbett dahingerafft wurde, die langen, oft so qualvollen Krankenlager der Alten in den Familien, die sich in kleinen oder großen Fehden gegenseitig erschlagenden Männer, die oft lange und qualvoll an ihren Verwundungen dahinsiechten, ehe sie starben, konfrontierten den Menschen früher mit der grausamen Gewalt des Todes. Verstört, gequält, gepeinigt bis aufs Blut erlebte der Mensch den Tod. Denn er hatte ihm in seinem Leben immer und immer wieder ins Angesicht zu schauen. Aber wenn er nicht daran zerbrach oder vor Elend stumpf und gleichgültig wurde, ging er reifer aus solchen fürchterlichen Erfahrungen des Miterleidens oder Selbsterleidens hervor. Mit dem Bewußtsein seiner Vergänglichkeit erwuchs ihm ein besseres Maß für Wesentliches und Unwesentliches, wuchsen Einsicht und Demut. Einerseits ist es also nicht nur allzu verständlich, nicht nur allzu begrüßenswert, sondern auch sehr dankenswert, daß der Mensch sich mit Hilfe der naturwissenschaftlichen Medizin daran machte. den Schmerz zu besiegen, das Sterben zu erleichtern, den Tod hinauszuschieben. Erfolgreich gelang das unseren Wissenschaftlern zu unser aller Glück. Sie können heute unser Leben nicht nur verlängern, es nicht nur schmerzloser machen – sie können den Tod im wahrsten Sinne des Wortes ,,hinausschieben", d. h. hinaus aus unseren Wohnungen, hinein in die Sterbestationen der Kliniken, wo das Sterben geräuschloses, schmerzgemindertes Verdämmern sein darf.

Andererseits entsteht auf diese Weise die Gefahr, daß der Mensch verflacht, daß er diese Fortschritte nicht mehr dankbar genießt, medizinische Leidentlastung statt dessen wie selbstverständlich fordert und Gefühlstiefe ebenso wie das Wissen um echte Maßstäbe dahinschwinden. Der Mensch ,,vergißt" gewissermaßen, daß er sterben muß. Alle unsere Unfalltoten und -verletzten sind so rasch von den Straßen transportiert, daß wir nicht mehr durch das Miterleben zur Einsicht gemahnt werden. Der Schock bleibt uns erspart. Allein ein lustvoller Kitzel des Immer-wieder-Davonkommens bleibt durch die Sensationsmeldungen der Bildzeitung als zusätzliche Erleichterung übrig. Jeder Notfall verschwindet so rasch hinter den Türen des Operationssaales oder der Intensivstationen, daß wir von psychischer Betroffenheit in einem in der Weltgeschichte sicher noch nie dagewesenen Maße verschont werden. Und hier setzt nun unser modernes Problem ein: wir tun so, als ginge uns der Tod nichts an, wir verdrängen ihn aus unserem Leben. Aber es passiert uns dann Ähnliches, wie es dem Neurotiker passiert, der zum Beispiel seine Sexualität verdrängt: gewissermaßen hinter den vorgehaltenen Fingern quillt der verdrängte Bereich mit unaufhaltsamem Druck hervor und fordert – oft in einer Dominanz von heftiger Ausschließlichkeit – von uns seine Beachtung. Das ist ein allgemeines Gesetz: wo der Mensch ein Seinsollendes, Lebensnotwendiges, zu Auseinandersetzung und Bewältigung Aufforderndes auszuschließen versucht, also verdrängt, beginnt es ihn mit dumpfer Gewalt zu bedrängen und zu überfluten. Das ist der Hintergrund des hektischen Kreisens vieler Menschen heute um ihre Gesundheit, ja es ist geradezu ein Beweis dafür, daß die bewußte Auseinandersetzung mit dem Tod zu den fundamentalen Lebensbedingungen des Menschen gehört, daß der Mensch als ein nur oberflächliches Wesen nicht gedacht ist, daß er sich auf diese Weise seelisch verstümmelt, daß er einer Heilung bedarf, die es ihm möglich macht, den Sinn seiner Gesundheit zu verstehen und die Bewältigung und Veränderung dieser Lebensweise als Aufgabe begreifen zu lernen. Denn das Kreisen um die eigene Gesundheit signalisiert ja eine verdrängte, unbewältigte Angst vor dem Nicht-mehr-Sein. Es signalisiert, daß solch ein Mensch die Erhaltung seines Körpers für das erste Gebot, daß er die eigene, unveränderte (nicht alternde!) Leiblichkeit für die ängstlich angestrebte Priorität der eigenen Existenz hält. Er kann nicht annehmen, was der Spiegel dem Erwachsenen jeden Morgen entgegenruft: daß er älter wird, daß sein Leib also vergehen wird, daß er bald, sehr bald sogar, in ein paar Jährchen, dahingerafft sein wird. Er kann und will und braucht sich aufgrund unserer Lebensart schließlich auch nicht mit diesem Problem auseinandersetzen. Er tut es rasch beiseite und begreift nicht, daß es gerade diese seine fehlende Auseinandersetzung ist, die ihn in die hektische Gesundheitsanbetung treibt.

Das ist eine Erkenntnis, die uns Wegweiser sein kann: wer sich nicht bewußt mit dem Problem des Sterbenmüssens auseinandersetzt, wer nicht mehr nach dem Sinn des Todes fragt, dem entgleitet gleichzeitig auch die Möglichkeit zu einer echten Antwort auf die Frage nach dem Sinn des Lebens. Und damit reduziert sich sein Leben auf ein letztlich aussichtsloses

Kämpfen um die Leiberhaltung. Eine solche Verdrängung birgt eine echte erhöhte Anfälligkeit für ein Versinken in Hoffnungslosigkeit, Depression und Selbstmordneigung in sich. Denn eines Tages ist dieser verkrampfte Kampf verloren: eines Tages kann sich der Verdränger nicht mehr darüber hinwegsetzen, daß dieser so gepflegte Körper dennoch unübersehbare Anzeichen des Verfalls deutlich werden läßt. Und genau an dieser Stelle lauert der Selbstmord auf den modernen Menschen mit dieser nur auf das Materielle gerichteten Einstellung.

Aber eine solche Reduktion ist nicht nur für den einzelnen Menschen bedenklich. Sie bewirkt auch eine Verschiebung der Akzente in unserem kollektiven Lebensstil. Ein Mensch, der der Erhaltung seines Körpers den Primat in seinem Leben gibt, braucht einen anderen Priester als die Menschen vergangener Jahrhunderte. Er meint, nicht so sehr den Seelsorger nötig zu haben, sondern vor allem den Leibfachmann. Wie überfüllt sind heute die Wartezimmer der Ärzte, die Krankenhäuser, die Kurkliniken – wie leer sind hingegen unsere Kirchen! Siebenmal pro Jahr, so sagt eine Statistik – unterzieht sich der deutsche Bundesbürger einer ärztlichen Untersuchung und Behandlung. Das Rezept – die moderne Beichtvorschrift – wird eiligst besorgt und peinlich befolgt. Aber dieses könnte auch nur als eine allzu dankenswerte Einrichtung aufgenommen werden, wenn sie nicht mit einer Teufelsklaue versehen wäre. Die Leibvergottung des modernen Todverdrängens gibt dem Arzt einen Stellenwert, der für ihn häufig eine Überforderung, ja eine Versuchung darstellt, und zwar oft sehr viel schneller und heimlicher, als er selbst mitdenken und verstehen kann: der Patient verleiht dem Arzt durch seine Einstellung Macht, die Macht der Gesundheitserhaltung und Gesundheitsvermittlung durch Rat, Medikation und Operation. (An dieser Stelle möchte ich nicht mißverstanden werden: Ich habe nicht im mindesten die Absicht, eine Diffamierung unserer Ärzte vorzunehmen. Es entspricht nicht der ganzen Wirklichkeit unserer Nöte, wenn man sie zum Verursacher der Schwierigkeiten im Gesundheitswesen zu machen sucht. Ich will hier nur tragische Teufelskreise beschreiben, die in unserem Zeitgeist wurzeln und die wir verstehen müssen, wenn wir schädlichen Trends entgegenwirken wollen.) Der Patient drängt den Arzt durch die eigene Gesundheitsvergottung in die Rolle des Herrn über Leben und Tod. Machtangebot ist aber – und schon ganz und gar für den Mann – immer schon eine elementare Versuchung zu mißbräuchlicher Ausübung von Macht gewesen. Wer sich als Arzt unreflektiert diesen Mantel des modernen Gottes umwerfen läßt, gerät zunächst einmal in die Gefahr hochmütiger Selbstüberschätzung. Wie oft habe ich diese Verhaltensänderung bekümmert konstatiert, wenn aus einem frischen, fleißigen Medizinstudenten plötzlich ein Halbgott mit Allwissenheitsmiene im weißen Kittel und Doktorhut zu werden begann. Gewiß nicht immer – es gibt sogar unter den jungen Ärzten viele, die diese Gefahr umschifft haben. Diese Haltung ist auch mehr Unglück als Fehlleistung. Es ist das unbedachte Hineingeraten in den Sog einer durch die Umwelt unzulässig überhöhten Position, die dann verständlicherweise nur allzuleicht in eine schlaue Nutzung dieser Patientenhaltung führt.

Der einzelne Arzt merkt auch, daß er mit einem Appell zu maßvoll verantworteter Gesundheit bei seinen Patienten generell auf taube Ohren stößt. Empörung ergreift den Patienten, wenn der Arzt nur berät, statt zu verordnen, wenn er es etwa wagt, nach gründlicher Untersuchung den schlichten Satz auszusprechen: „Sie sind organisch gesund, Ihre Beschwerden bedürfen keiner Behandlung, sie werden vermutlich bald wieder abklingen." Ärzte, die dergleichen Sätze in ihrer Praxis auszusprechen wagen, werden sich bald umschulen lassen müssen. Denn binnen kurzem wird ihnen beides fehlen: die Patienten und ihre erst durch Verordnungen und Behandlungen wertvoll gewordenen Krankenscheine, die es ihnen möglich machen, zu existieren. Der dem Patienten gänzlich unbewußte Geist der Gesundheitsvergottung nötigt also den Arzt zu einem ungesunden Pragmatismus. Auf diesem Boden entstehen tragische Teufelskreise, die gewiß nicht mehr von dem freipraktizierenden Arzt aufgelöst werden können. Es lebe das Medikament, es lebe das Skalpell, es lebe die Spritze, es lebe der mehrwöchige Aufenthalt im Bett der Privatklinik! Klage und Anklage sind hier fehl am Platz, denn die Täter sind längst zu tragischen Opfern ihrer Nötiger geworden. Es hilft auch nicht, daß man den Medizinstudenten, wie es bereits geschieht, die schädlichen Nebeneffekte von chemischen Stoffen, von medikamentösen Eingriffen in die Ökologie des Körpers, von Röntgenstrahlen, von Operationsspätfolgen beibringt – in der Praxis geraten sie zwangsläufig in die Gewalt des Dämons Gesundheitsvergottung, und denen, die ihr Universitätswissen und ihr Gewissen

nicht abschaffen, bleibt nichts anderes übrig, als ihm mit ange-
widertem Zähneknirschen im Wissen um ihre Unentrinnbar-
keit lebenslänglich zu dienen. Der Patient aber wird manchmal
gesünder, ja oft wird sein Leben sogar durch die Medizin gerettet, meistens wird er sehr viel schmerzloser, oft aber doch auch
kränker, ja manchmal sogar chronisch und lebensverkürzend
krank, und zwar besonders jener Patiententyp, von dem ein-
gangs die Rede war, jener Patient, dessen Fehleinstellung zum
Leben, dessen innere Orientierungslosigkeit ihn trieb, sich total
der Gesundheitsvergottung zu verschreiben.

Man möchte aus diesen Erfahrungen in Abwandlung eines
Christuswortes den Schluß ziehen: Wer sich dem Fleisch ver-
schreibt, wird durch das Fleisch umkommen, wer seine Lebenswirklichkeit auf das Nur-Materielle einengt, der wird vom Geist
des Materiellen besiegt werden; denn das ist ja letztlich die tragische Folge des Teufelskreises: die Einseitigkeit der Einstellung führt in eine Eskalation der Kosten. Materialistische Leibvergottung muß teuer bezahlt werden, die Apotheken- und
Reformhausrechnungen, die Krankenhaus- und Versiche-
rungssätze beweisen das nur allzu bitter. Denn zum Instrumen-
tarium des Dämons Gesundheitsvergottung gehören Überan-
spruch und Überflüssigkeit. In merkantiler Unterwürfigkeit
reibt sich der moderne Mensch vor diesem Abgott seine Knie
wund und ist dennoch ständig in der Gefahr, durch ihn ab-
geurteilt zu werden.

Ist das zu ändern – und wie müßte es geändert werden?

Ich hoffe, daß diese Ausführungen klargemacht haben: Da
hilft nicht der Appell zur Sparsamkeit, da hilft nicht die Schmälerung des Einflusses etwa der Gewerkschaften, da hilft es ganz
gewiß nicht, wenn man einfach den Ärzten den Schwarzen Peter zuschiebt und sie durch Verteufelung und Einkommens-
schmälerung in ihrer Heilbereitschaft lähmt. Da kann es allein
helfen, wenn jeder einzelne sich auf den Weg macht, aus den
negativen Erfahrungen mit den modernen Abgöttern lernen zu
wollen. Und dabei müssen wir wieder ganz von vorn anfangen.
Zwar sollten wir dankbar und auch in Ehrfurcht vor den großen
Leistungen unserer Mediziner die Hilfsmöglichkeiten, die sie
uns schenken, annehmen und als Befreiung von drückender
Sorgenlast vielfältigster Art erleben und genießen. Aber wir
müssen uns bewußt sein, daß dieses Geschenk uns nicht die
Auseinandersetzung mit dem eigenen Tod, mit dem Sinn und

dem Ziel des Lebens ersparen kann. Verschonung dieser Art dürfen wir nicht annehmen, denn sie bedeutet Verflachung und damit Gefahr der Überschätzung des Oberflächlichen, des Nur-Materiellen. Wie können wir uns aber zu der uns so notwendigen vertieften Fühlfähigkeit verhelfen? Wie können wir Erschütterung als Instrument der Lebensreifung wieder einbauen in unser Leben? Denn Nachdenken allein genügt nicht – das hat uns unsere modische Verdummung durch Intellektualisierung bereits allzu deutlich werden lassen.

Lebenstiefe kann nicht erdacht, sie muß erfühlt werden. Eine wichtige Möglichkeit zur Vertiefung unseres Lebens könnte zum Beispiel in einer positiven Einstellung zu Leid und Schmerz bestehen. Viele ältere Menschen ziehen im Zurückblicken auf die Erfahrungen ihres Lebens die Bilanz: es waren gerade die harten Jahre, es waren die Krisen- und Leidenszeiten, die sie in der seelischen Entwicklung voranbrachten. Das Austragen der Konflikte, das Aushalten von unabänderlichen Schmerzen, das Annehmen leidvoller Schwierigkeiten machte den Menschen reifer. Leiden als eine sinnvolle Bürde erleben, kann den Menschen bescheidener, fühlfähiger und damit offener machen für die Leiden anderer Menschen. Die Weisung des Christentums, das Kreuz zu tragen, ist nicht einfach eine veraltete masochistische Torheit, sondern sie enthält eine zeitlose Lebensweisheit: im Feuerofen der Not wird der Mensch geschmiedet und geläutert, sein Horizont weitet sich, seine Einsicht vertieft sich. Nur der Hader mit dem Schicksal verhärtet, macht bitter und leer. Schweres Schicksal kann Prüfung und Auszeichnung sein und – nimmt der Mensch es an – gerade eine Steigerung seiner seelischen Kraft zur Folge haben.

Eine weitere Möglichkeit zur Vertiefung unseres Lebens könnte auch in einer Kultivierung der Sterbehilfe bestehen. So viel Last das auch für das Krankenhauspersonal bedeuten würde: wir sollten den Angehörigen Sterbensbegleitung nicht nur zubilligen, sondern geradezu zumuten. Wir sollten Sterbende überhaupt nur dann in die Krankenhäuser schicken, wenn das aufgrund der Pflegenotwendigkeit unumgänglich ist. Wir sollten uns um unserer Angehörigen willen, um unserer selbst willen, nicht um die Begleitung des Sterbenden herumdrücken. Wir sollten als Angehörige umschichtig Nachtwachen, und sei es über Wochen, auf uns nehmen, um wieder echter und wirklicher leben zu können. Wir sollten uns nicht in lächerlicher Überheblichkeit für zu aufgeklärt zur Totenwache halten. Der Tod hat uns viel zu sagen, wir lernen im Zentrum unseres Seins weniger, wenn wir seine Lektionen aus unserem Lebenslernpensum streichen. Dichter, Propheten und der Bericht von Golgatha können uns vermitteln, daß das Mitaushalten eines leidvollen Sterbens in der Lage ist, den Vorhang zum Tempel zu zerreißen, und das heißt: daß wir mit Hilfe dieses Erlebens in die Lage versetzt werden können, über die Schwelle des Nur-Wirklichen in das Zentrum der Wahrheit Einlaß zu bekommen. Und diese Wahrheit heißt, daß unser Leben nicht nur aus Materie besteht und infolgedessen mit dem Sterben nicht zu enden braucht unter der Voraussetzung, daß wir begreifen, daß unser Leben einen Sinn hat, den Sinn, uns dafür einzusetzen, daß diese Schöpfung, diese konstruktive Ordnung, dieses Gegenwerk des Chaos mitten in der Materie mit Hilfe der Materie erhalten und gesteigert wird, gesteigert durch unser Mitmühen um mehr Aufbauendes, Menschliches, um mehr Liebevolles, mehr Bewußtwerden der Zusammenhänge.

Diese Lektion des Todes zu mehr zunächst erfühltem und dann bewußtwerdendem Einblick kann unserem Leben schlagartig einen echten Maßstab vermitteln.

Wie läppisch erscheint uns unter einer solchen Einstellung die Verabsolutierung der Gesundheit! Wie wenig wollen wir uns eine solche Zeitverschwendung in unserem rasch dahinfließenden Leben erlauben, wieviel mehr drängt es uns, unsere Fähigkeiten einzubringen, jeder auf seine Weise mitzugärtnern in der Schöpfung. Wieviel gesünder werden wir dann! Der Bereich der noogenen Neurosen, der seelischen Erkrankung, Sinnlosigkeit nicht ertragen zu können, eine Erkrankung, die psychosomatische Leiden und Depressionen verursacht, fällt fort. Es fällt fort der Kräfte verschlingende Bereich der iatrogenen Neurosen, d. h. jener Angstkrankheiten, die auf dem Boden von Erwartungsängsten dadurch entstehen, daß der Patient sich durch Halbwissen und ärztliche Vermutungen paranoisch ängstigen und einschüchtern läßt. Wer die Erhaltung seines Lebens nicht überschätzt, ist gewappnet gegen solche Gefahren. Wer auf seine sinnvolle Lebensaufgabe ausgerichtet ist, hat keine Zeit, unentwegt ein Wehwechen zu belauschen, bis es sich hypochondrisch aufbläht, und dann damit von Kur zu Kur zu reisen. Ein Patient mit einer solchen positiven Lebenseinstellung kann zu seinem Arzt sagen: „Bitte,

Herr Doktor, geben Sie mir Auskunft, ob es unumgänglich ist, daß ich etwas gegen dieses Leiden, gegen diese Schmerzen tue; oder ist es so harmlos, daß es mit Geduld auch ohne Bestrahlung, ohne Massagen, ohne medikamentöse Therapie abklingt?" Wenn man sich einen „echten" Arzt ausgesucht hat, wird man erleben, wie er sich beschenkt fühlt durch einen, endlich einmal einen *mündigen* Patienten! Und gäbe es mehr Patienten dieser Art, dann gäbe es rasch mehr Ärzte der Wahrheit, mehr Ärzte, die glücklich wären, echte Krankheiten behandeln zu dürfen, statt sich auf dem Boden des oberflächlichen Selbstbetrugs unserer Zeit tagaus, tagein kräfteverschleißend mit unzufriedenen Patienten herumschlagen zu müssen. Vor allem aber ein Letztes: wenn sich mehr Menschen in dieser Weise um das Finden eines echten Maßstabes bemühten, würde viel mehr Lebenstiefe und -freude entstehen! Ein Erwachsener, der bereits morgens beim Zähneputzen daran denkt, wie rasch das Leben dahinfliegt, daß diese Art unseres Seins, einen Leib zu haben, mit ihm schmecken, hören, sehen, atmen, durch ihn hindurch fühlen, empfinden und denken zu können, ein herrlicher, besonderer, aber vorübergehender Zustand ist – er erst kann eigentlich mit Genuß leben, kann sich bewußt freuen und bewußt Eindrücke aufnehmen. Nur wer die Vergänglichkeit dieses Seins nicht verdrängt, wer weiß, daß das Leben ein Auftrag auf Zeit ist, vermag es echt zu nutzen. Erst ein Mensch, der dafür Gespür hat, fürchtet den Tod nicht, weiß, daß er nur Durchgang ist. Wer den Tod nicht fürchtet, kann das Leben wagen. Und erst dem, der das Leben wagt, wird es reich an Erlebnissen, die ihn formen und seinen Horizont erweitern. Erst wer auf dem Boden einer solchen Einstellung darauf gerichtet ist, seine Zeit sinnvoll zu erfüllen, wird frei von Lebensangst, wird frei zur Lebensfülle, kann mit Paulus jubelnd sagen:

Tod, wo ist dein Stachel –
Hölle, wo ist dein Sieg?

Pubertätsmagersucht

Eine Mutter blinzelt, noch nicht ganz wach, ihrer sechzehnjährigen Tochter entgegen, als diese morgens um sieben Uhr unverhofft in ihr Schlafzimmer tritt. Ein hübsches Mädchen mit einem vollen Gesicht, langem, gepflegtem Blondhaar und einer wohlgeformten Normalfigur pflanzt sich vor dem mütterlichen Bett auf und sagt mit vor Empörung bebender Stimme: „Du hättest mir längst sagen müssen, wie fett ich geworden bin!", dreht sich um und entschwindet.

Die Mutter schildert mir diese Szene fünf Jahre nach dem Ereignis; denn ihm folgte von einer Minute zur anderen die chronische Eßverweigerung ihrer Tochter. Sie sagt: „Ich sehe noch heute ganz plastisch diese unbestrumpften hübschen Beine vor mir, die schon nach wenigen Wochen zwei wadenlosen Stöcken glichen und blieben. Heute besteht Monikas Körper nur noch aus Haut und Knochen. Zur Zeit wiegt sie 35 kg. Mit einer kaum vorstellbaren Härte gegen sich selbst hungert das Kind in zerstörerischer Wut."

Fünf Jahre lang? Das erscheint wie ein Ammenmärchen, und doch ist es bei vielen Wohlstandstöchtern Deutschlands grausame Wirklichkeit. Nicht nur in den jugendpsychiatrischen Kliniken sind immer mehr Betten mit Fällen von sogenannter Pubertätsmagersucht belegt, nicht nur in den inneren Abteilungen der Krankenhäuser und Spezialkliniken kommen immer mehr solcher Mädchen zur Aufnahme – sie sind auch im Straßenbild schon häufig, häufig auch unter den Studentinnen, den Schülerinnen der Oberschulen, der Schulen für Sozialarbeit und den Säuglingspflegerinnenschulen. Wie dürr viele unserer Mädchen heute schon sind, tritt allein deswegen nicht kraß in Erscheinung, weil die Blue jeans, die Schlapperblusen und Felljacken den gerippigen Tatbestand unter allerlei Gezottel verbergen. Eine Statistik weiß es besser: 40 Prozent der Mädchen zwischen sechzehn und einundzwanzig Jahren sind heute in der Bundesrepublik unterernährt. Ein törichter Trend? Gewiß bei vielen. Bei manchen aber wird das Mitlaufen im Magerkeitswahn zu einer Krankheit, die sie das Leben kostet oder sie mit einem chronischen Defekt der körperlichen Gesundheit ins Erwachsenenleben entläßt.

Die Vorgeschichten sind, von geringfügigen Details abgesehen, von merkwürdiger Gleichheit. Fast immer stammen die Töchter aus wohlgepflegten, meist sogar wohlhabenden Elternhäusern. Sie haben Mütter, die weich, oft vielbeschäftigt, meist berufstätig sind. Die Mütter gehen auf die Wünsche und Gefühle ihrer Töchter ein, sind wenig autoritär, dafür aber in zunehmendem Maße und mit Recht besorgt, oft so sehr, daß sie an der permanenten Eßverweigerung der Tochter krank werden, manchmal sogar daran zerbrechen. Häufig sind die Väter dieser Mädchen – oft geschieden – schon vor Beginn der Schulzeit ihrer Töchter nicht mehr vorhanden; die Ehe der Eltern ist oder war schlecht. Schwierige Väter ließen die Mütter zu Leidenden werden. Manche dieser Väter nörgeln bei Tisch über das Essen, andere machen der Familie Szenen, sind unberechenbar. Sie schicken zwar ihre Frauen, wenn es beschlossen ist, einen Arzt zu konsultieren, bereitwillig zu ihm. Werden sie selbst einbestellt, wirken sie auf den Untersucher harmlos ungewichtig, und erst langfristige Betreuung ihrer Töchter bringt die Bedeutung der Väter in bezug auf diese Krankheit ans Tageslicht. Auf jeden Fall ist der Vater – ob im Familienverband noch anwesend oder nicht – die Quelle des meist sorgfältig verschwiegenen Leidens der Mütter. Ich frage die Töchter grundsätzlich im Erstgespräch: „Möchtest Du später einmal so leben wie Deine Mutter?" und erlebe regelmäßig ein erstauntes entschiedenes Kopfschütteln. Meist sahen diese Mädchen während der Kindheit ihre Mutter leiden, nicht immer durch den eigenen Vater, gelegentlich auch durch andere Männer. Ebenso können diktatorische und rigorose Großväter negative Wirkungen dieser Art hervorrufen. Häufig sind magersüchtige Mädchen Einzelkinder. Haben sie eine Schwester, ist diese meist hübsch und erfolgreich, und sie beneiden sie sehr. Brüder hingegen spielen in den Vorgeschichten Magersüchtiger kaum eine Rolle, ja es scheint sogar so, als wenn Brüder in nicht allzu großem Altersabstand eine krankheitsbewahrende Funktion haben.

Hungersüchtige Mädchen haben sehr ähnliche Charakterzüge. Sie sind außerordentlich hartnäckig, setzen bereits als

Kinder zäh und unbeirrt, oft rücksichtslos hart ihren Willen durch. Sie sind fleißig, gewissenhaft, von besorgter Gründlichkeit in bezug auf das Schullernen und die Ausbildung. Sie wirken äußerlich oft still und bescheiden, haben aber ein leidenschaftliches und im Grunde stark gefühlsbetontes Temperament. In ihrer Kindheit waren sie meist robust und körperlich gesund sowie fast immer – durch Fleiß, ihre zähe Gründlichkeit und gute Intelligenz bedingt – erfolgreiche Schülerinnen.

Der Verlauf ist typisch. Die Eltern bzw. die alleinstehende Mutter sehen den Hungerritualen zunächst mehr oder weniger schweigend zu. Sie akzeptieren im allgemeinen zunächst das Bedürfnis der Tochter, schlank zu sein. Rasches Ausbleiben oder Unregelmäßigkeiten der Menstruation, das zunächst in keinem Zusammenhang mit dem entstandenen Untergewicht gebracht wird, führt dann als erstes in die Sprechstunde des Hausarztes oder des Gynäkologen. An dieser Stelle wäre vielleicht noch Gelegenheit zu einer rechtzeitigen Weichenstellung, die aber in den letzten Jahrzehnten von den Ärzten im allgemeinen verpaßt worden ist. Daß der ausgemergelte Körper des Mädchens von der Natur auf „Notstand" geschaltet wird, daß die Amenorrhö eine Folge permanenter Unterernährung ist, ist selbst vielen Fachleuten in der Vergangenheit noch nicht bekannt gewesen. Allgemeinpraktiker verordnen infolgedessen Stärkungsmittel, die von den Patientinnen nicht genommen werden, Gynäkologen verordnen Hormone, welche vielleicht eine Zeitlang Abzugsblutungen auslösen, aber mit stärkerer Auszehrung doch im totalen Ausbleiben der Monatsblutung enden. Das ist ganz gewiß nicht die Schuld des einzelnen Arztes, sondern liegt daran, daß die Pubertätsmagersucht des Mädchens eine noch wenig erforschte Erkrankung ist, daß ihre seelische Bedingtheit bisher nur gelegentlich das Interesse der Schulmedizin fand.

Warum geht der Arzt nicht auf die Problematik der hungernden Mädchen ein? In den allermeisten Fällen, weil er die Zusammenhänge nicht kennt, da sie auf der Universität nur am Rande gelehrt wurden, oder weil er die Patientin im Einzelfall nicht durchschaut. Denn hartnäckig leugnen diese Mädchen ihren Hungerfeldzug. Sie wirken auf den Arzt sogar vernünftig, kooperativ und willig, so daß er nicht auf die Idee kommt, daß sie ihm falsche Angaben über ihre Nahrungszufuhr machen, daß sie von Unvernunft beherrscht sind. Und selbst wenn die

Mutter mitkommt und den Arzt genau unterrichtet über die Eßverweigerung ihrer Tochter, ist es für ihn schwer, die Wahrheit anzunehmen. Eher glaubt er, daß die „überbehütende" Mutter die Eßabwehr des Mädchens als puberalen Protest bewirkte, anstatt zu sehen, daß hier ein massives Fehlverhalten der Tochter vorliegt, und daß die Nötigungen der Mutter zum Essen erst sekundär auf das Fehlverhalten der Tochter folgten. Selbst wenn nach Jahren des Hungerns körperliche Folgeerscheinungen der chronischen Unterernährtheit eintreten, wenn der Arzt also einen Eiweißmangel, einen krankhaften Blutdruck, ein Magengeschwür, eine Hornhautatrophie oder eine Anämie diagnostiziert, werden diese sekundären Krankheiten meist medikamentös behandelt, statt das Grundleiden zu therapieren. So kann es geschehen, daß Magersüchtige als Nebennieren-, Hypophysen- oder Bauchspeicheldrüsenerkrankte über Jahre fehldiagnostiziert werden und hohe Krankenhauskosten verursachen, ohne daß die eigentliche Schwierigkeit in das Blickfeld der ärztlichen Aktivität getreten wäre. Eine Magersüchtige, die bereits mehrere Jahre krank ist, hat oft viele Konsultationen verschiedenster Ärzte hinter sich, ohne selbst zu wissen, daß sie an einer Erkrankung leidet, die als Anorexia nervosa (Pubertätsmagersucht) zum Lehrbuchbestand des Jugendpsychiaters gehört.

Ich versuche diese Gegebenheiten hier nicht deswegen deutlich zu machen, um die Ärzte in törichter Überheblichkeit eines Versagens zu bezichtigen, sondern weil ich das rasche ärztliche Erkennen und Eingreifen für den einzigen Weg halte, um ein jahre- bis jahrzehntelanges Martyrium der Kranken und ihrer Familien zu stoppen.

Ein Mädchen mit Normalgewicht, das sich selbst seit mehreren Wochen auf Nulldiät gesetzt hat und mit angstgeweiteten Augen nicht nur vor dem Weihnachtskarpfen oder einer Jubiläumstorte, sondern auch schon vor einem harmlosen Obstsalat kapituliert, sollte erstens sofort aus seinem Milieu heraus-, am besten in eine andere Familie, fern des Heimatortes versetzt werden, zweitens sollte es dort in eine ambulante Behandlung zu einem Psychotherapeuten oder Psychiater gebracht werden. Tritt nach weiteren acht Wochen auch in dem neuen Milieu keine Änderung ein, muß sofort eine stationär-klinische Behandlung begonnen werden.

Die Jugendpsychiatrischen und Psychosomatischen Kliniken

der Bundesrepublik Deutschland sind bereits mit Spezialärzten versehen, um dieses schwere Leiden fachgerecht behandeln zu können. Um die Einweisung zu vollziehen, brauchen die Angehörigen der kranken Mädchen sehr energische, sich autoritär durchsetzende Ärzte, weil die Bezugspersonen das allein gegen den massiven und gekonnten Widerstand der Patientin nicht zu schaffen pflegen.

Daß das im Anfangsstadium zur Rettung der Patientinnen nicht geschafft wird, ist in der Bundesrepublik Deutschland in vielen Fällen die Regel und führt in folgende typische Entwicklungen: als erstes lehnt das kranke Mädchen es lediglich ab, sich am Familienessen zu beteiligen, es geht statt dessen dazu über, am Abend ein paar Pralinen oder Kekse zu knabbern. Manchmal verlegt es sich auch auf Lakritz, Kaugummi, auf Gummibärchen, Äpfel und Mohrrüben. Oft wird einseitig irgend etwas Appetitschädigendes gegessen wie Essiggemüse, saure Gurken oder Reilaperlen. Die Waage wird in dieser Phase der Erkrankung der wichtigste Gegenstand der Patientin. Gewichtsabnahme erzeugt Lustgefühl, Gewichtsstillstand leichte Unlust, jede geringste Gewichtszunahme in verheerendem Maße schockartige Angst. Die Überkontrolle durch die Waage beginnt zu wahnhaften Fehlschlüssen zu führen: trotz ganz geringer Nahrungsaufnahme stagniert zum Beispiel lange Zeit das Körpergewicht, weil der Körper zur Selbsthilfe gegen die Hungersnot übergeht. Es entsteht neben der kaloriensparenden Amenorrhoe eine hartnäckige Verstopfung, d. h. besser ausgedrückt, auch die Darmfunktion schaltet auf Sparflamme. Die Patientin beginnt daraus den Fehlschluß zu ziehen, daß sie in folgender Weise unnormal sei: ein wenig essen bewirke bei ihr bereits eine kolossale Gewichtszunahme, sie beginnt sich für eine latent Fettsüchtige zu halten, der gar nichts anderes übrig bleibt, als sich von Luft und Mineralwasser zu ernähren. Das Klagen über die Verstopfung bewirkt einen Medikamentenfeldzug dagegen mit dem Ergebnis, daß der Darm seines natürlichen Regulationssystems beraubt wird. Viele dieser Patientinnen betreiben über Jahre Mißbrauch mit Abführmitteln.

Die Problematik beginnt von nun an die Gedankenwelt dieser Mädchen zu absorbieren und ihre Lebensweise in eine gefährliche Änderung zu drücken; denn wohin man sich auf dieser Welt auch begibt – überall wird gegessen und Essen angeboten. Weil man darauf aber in zunehmendem Maße mit Angst reagiert, geht man nirgendwo mehr hin. Diese Mädchen, die regelmäßig kontaktfreudige, extravertierte, lebenslustige und lebendige Kinder waren, ziehen sich in vom Fleisch fallender Verkümmerung in die elterliche Häuslichkeit zurück. Sie kompensieren diese Not mit fleißigem Lernen für die Schule, mit eifrigem Lesen, wodurch häufig die verrückte Situation entsteht, daß die einzige Schülerin, die den Numerus clausus bricht, eine Schwerkranke ist, die mit Energie das Studium der Medizin beginnt, sich aber auch dadurch nicht von ihrem Leiden heilen kann und zur Berufsausübung häufig infolge der inzwischen einsetzenden Sekundärkrankheiten nicht mehr imstande ist.

Es bedeutet Verkennen der Schwere dieser Erkrankung, wenn man annimmt, daß diese Mädchen Mütter haben, die zum Essen nötigen. Sie gehören gerade *nicht* zu der Sorte, die das Kleinkind zwangen, den Teller zu leeren, sie sind auch während der Erkrankung voller Geduld – und allein Tatbestände, wie daß die Tochter schließlich auch für Kleidergröße 34 zu schmal geworden ist und ihr nur noch Kindergrößen passen, nötigen zu Ausfällen von Besorgtheit, beschwören Zusammenbrüche herauf, die zu Zerwürfnissen zwischen Mutter und Tochter führen, die die Situation aber nicht im mindesten ändern. Viele dieser Mädchen werden auf dem Höhepunkt der gefährlichen Abgemagertheit in ein archaisches Naschlaufen genötigt. Sie begeben sich in einem schlafwandlerischen Zustand des Nachts in die Küche, an das Brotfach, zum Eisschrank oder an die Keksschublade und fressen gierig in sich hinein, was ihnen in die Quere kommt. Vergiftungen kommen in diesem Zustand nicht selten vor, weil die Natur im Zustand somnambuler Betäubung wahllos nach Selbsthilfe sucht. Eine Patientin erzählte mir, daß sie nachts versehentlich Holzwolle gegessen hätte, eine andere Kunststoff, und eine dritte schluckte auf der Suche nach Pfefferminzbonbons eine ganze Schachtel Schlaftabletten und starb daran, ohne einen Selbstmord vorgehabt zu haben.

Während ein Milieuwechsel mit unbekümmert durchsetzungsfreudigen Bezugspersonen am Krankheitsbeginn noch Wunder tun kann, sind bei langfristiger Eingewöhnung der Hungerpraktiken die Teufelskreise von Angst und Gewohnheit nur noch sehr schwer zu durchbrechen. Solche Mädchen werden nicht spontan gesund, wenn sie nach dem Abitur ins Studentenheim einer fernen Universitätsstadt ziehen. Sie werden auch nicht einfach heil, wenn sie eine Ehe eingehen oder eine sexuelle Beziehung aufnehmen. Ein stark abgemagertes Mädchen hat keine Beziehung zu seinem Körper, es hat, da die ausreichende Hormonproduktion ausfällt, auch keine Freude an körpernahem Kontakt, obgleich diese Mädchen zärtliche, weiche Kinder waren. Die Hungerkrankheit läßt sie zum Dornröschen werden, läßt sie genau, wie es das Märchen erzählt, in ihrer Entwicklung erstarren, läßt sie in einen kindlichen Zustand zurücksinken und in ihm hängenbleiben.

Was beschwört dieses Verhängnis heraus? Was bewirkt, daß diese Erkrankung in den hochzivilisierten Ländern so zunimmt?

Die Ursachen der Pubertätsmagersucht sind, so sagen uns unsere Beobachtungen, trotz der gleichförmigen Krankheitsbilder und Umweltbedingungen nicht immer die gleichen. Vermutlich kann keine Magersucht entstehen ohne

a) eine vorgegebene und gut entfaltete Intelligenz
b) eine hohe Sensibilität bei gleichzeitiger Vitalität und
c) die Gegebenheit, weiblichen Geschlechts zu sein.

Selten einmal fehlt bei Magersüchtigen vor dem Ausbruch der Erkrankung eine große orale Gier, eine Freude am Kochen, Backen und Naschen. Viele der späteren Patienten kümmerten sich schon als Kinder um die Nahrungsversorgung ihrer Angehörigen. Sie spielten immer schon den kleinen Futtermeister der Familie, eine Kompensation der eigenen Bedürfnisspannung, die sich nach dem Ausbruch der Erkrankung häufig gewissermaßen zur „Nudelstrategie" der Angehörigen ausweitete. In Familien von Magersüchtigen tritt oft der groteske Zustand ein, daß die Kranken ihre Eltern und Schwestern mit kalorienreichen Angeboten fettfüttern, während sie selbst in lustvollem Sadismus der Vollkommenheit totaler Magerkeit zustreben. Durch Strategien dieser Art wird die eigene orale Bedürftigkeit auf andere projiziert und teilweise befriedigt. Solche Kranken haben auch meistens eine orale Symptomatik, wie zum Beispiel ein langes permanentes Daumenlutschen während ihrer Kindheit, das bei fast allen Kranken in den Nikotinmißbrauch einmündet; ein Zeichen dafür, daß diesen sensiblen Kindern die gehandhabten Pflegebedingungen, zum Beispiel das lange Schreienmüssen, oft bereits im Säuglingszimmer der Kliniken nicht bekamen und eine gefährliche Bedürfnisspannung festprägten. Aber nicht nur Frustrationen aus dem

Säuglingsalter können Teilvoraussetzungen bilden für die spätere Entstehung einer Magersucht; auch das Übergewicht von Säuglingen und Kleinkindern, durch zu reichliche Nahrungszufuhr bedingt, kann eine negative Wirkung haben. Da die Fettsucht der Frühphase eine Neigung zu chronischem Übergewicht bewirkt, kann sich bei übergewichtigen jungen Mädchen ein schwerer Minderwertigkeitskomplex aufgrund ihrer Unförmigkeit einstellen, der dann unter zusätzlichen Bedingungen die Angst vor der Nahrungsaufnahme einleiten kann.

Zu solchen Bedingungen gehören zum Beispiel weiter:

1. eine auf Leistungsforderung bedachte, bemühte Erziehung, die das Ich aber nicht hinreichend festigte und Aggressionshemmungen und Perfektionismus begünstigte und

2. daß fast alle Magersüchtigen es später ablehnen, einst ein ähnliches Leben zu führen wie ihre Mütter. Daß die Identifikation mit dem weiblichen Vorbild nicht gelang, geht zwar nicht immer, aber doch oft zu Lasten der Väter der Magersüchtigen, geht heute auch zum Teil schon zu Lasten der sogenannten Emanzipation. Denn oft erleben diese Töchter durch ihre Kindheit hindurch ihre völlig überlasteten Mütter in der Doppelaufgabe von Familie und Beruf.

Entscheidend auf dem Weg zur Magersucht aber ist grundsätzlich die Gegebenheit, daß die Mädchen nicht in der Lage sind, ihre Gestalt in ihrem pubertären So-geworden-Sein zu akzeptieren. Magersüchtige haben es aufgegeben, sich im Spiegel zu betrachten. Sie halten sich für abgrundtief häßlich, sie beneiden die Mädchen ihrer Umwelt und fühlen sich von der Natur stiefmütterlich behandelt, obgleich sie das in den seltensten Fällen de facto sind. Dieses subjektive überkritische Selbstverwerfen wird durch den Modetrend zur Superschlankheit in einer gefährlichen Weise verstärkt. Die Mädchen machen, lange bevor sie krank werden, die Erfahrung, daß die Dünnen bei den Jungen mehr Ansehen genießen. Die Dünnen haben mehr Aussicht auf Erfolg. Oft geht dem Einsetzen des Hungerzwanges das Erlebnis voraus, daß eine erste Freundschaft zu einem Jungen scheiterte, weil er zu einer anderen, Dünneren überging. Je mehr ein Mädchen durch die Eltern zur Perfektion erzogen wurde, um so mehr ist es unter diesem Zwang in der Gefahr, Radikalität auch in bezug auf sein Körpergewicht durchzuführen.

Daß Mädchen bei Männern um so erfolgreicher sind, je magerer sie sind, ist gewiß ein Novum in der Geschichte der Geschlechter; denn die natürlichen sexuellen Auslöser, die natürlichen Bedürfnisse nach weicher Zärtlichkeit müssen geradezu pervertiert sein, ehe ein solcher Trend zur Mode werden kann. Was sind das für zusätzliche exogene Faktoren, die das Entstehen solcher Zustandsbilder begünstigen? Wie kommt es dazu, daß der männliche Jugendliche dem dürren Mädchen den Vorzug gibt?

Ich glaube, daß es zwei Faktoren sind, die die Vorliebe des jungen Mannes veränderten und als Reaktion darauf auch die der Mädchen; hier wird mehr oder weniger unbewußt gegen zweierlei protestiert: erstens gegen die Überstimulation durch nackte sexuelle Reizung. Der junge Mann ist durch mütterliche vollbusige Nacktkultur, durch Kino- und Kioskbrüste verfrüht übersättigt. Er ist reaktiv antisexualisiert. Er fühlt sich durch den Busenzwang abgestoßen und antwortet mit puberaler Abwehr. ‚Er tut das um so mehr, als ihm zweitens das Ideal der Gleichheit als ein Suchen nach totaler Gerechtigkeit vorschwebt. Sperrige Dürre bei beiden Geschlechtern zu zeigen, das gleicht im Hinblick auf dieses Ziel einem demonstrativen Fahneschwenken. Im Protest gegen die verfettete Wohlstandsgesellschaft wird verhungerte Dürre zum Ideal der Zukunft.‘ Und die kleinen Mädchen? Sie haben zu allen Zeiten ihr Selbstwertgefühl nicht daraus bezogen, ob sie am gescheitesten oder tüchtigsten waren, sondern seit Evas Zeiten daraus, wie sie am anziehendsten sein könnten für den wertvollsten aller Männer! Auch das magersüchtige Mädchen hofft zu gefallen, hofft, daß es vielleicht doch noch an sich selbst glauben könnte, wenn es gefällt.

Leider hindern die Folgen der Sucht die radikalen Mädchen daran, diesen Wettbewerb wirklich durchzuführen. Sie machen deshalb aus der Not eine Tugend und dirigieren ihren Wunsch nach Selbstbestätigung ins Feld der beruflichen Leistungen um.

Wenn man diesen Zusammenhang durchschaut, wird klar, daß es den magersüchtigen Mann gar nicht geben kann; denn der Mann ist in bezug auf das Barometer seines Selbstwertgefühls in keiner Weise derart existentiell abhängig vom Urteil des anderen Geschlechts, wie es die Frau auch heute immer noch ist. Deshalb kann die Twiggy-Mode die Entstehung von Magersucht begünstigen. Aber auch in früheren Zeiten wurde die Mann-Bezogenheit der Mädchen häufig zum geheimen Mitverursacher der Erkrankung: die Magersucht machte die Mädchen geheimnisvoll fremd, besonders anziehend wie unnahbar für den Mann, ein von den Kranken unbewußt erstrebtes Ziel.

Läßt sich Magersucht heilen? Grundsätzlich ja – mit Hilfe langfristiger Psychotherapie, mit Hilfe von Ich-Stärkung und Selbstfindung. Der Abbau von Mann-Angst und das Annehmen-Können der eigenen kreatürlichen Weiblichkeit müssen das Behandlungsziel sein. Persönlichkeitsstarke, liebevolle, echte Autorität ausstrahlende Vatertypen als Therapeuten haben die größten Chancen, solche Patientinnen zu heilen. Wichtig ist die Früherkennung und sofortiges Handeln, um irreversible Körperschäden (Unfruchtbarkeit) zu verhindern. Manche Magersüchtigen sterben durch das Hungern den Hungertod, laut Professor Frahm (Hamburg) 27% der klinischen Fälle. Aber die Dunkelziffer ist auch hier groß. In einer Reihe von Krankengeschichten hörte ich von Spontanheilungen im zweiten Lebensjahrzehnt – meist aufgrund einer das Selbstwertgefühl festigenden Lebensstellung oder Karriere und nicht selten – durch eine tiefe Gefühlsbeziehung zu einem Partner, also letztlich eben doch: durch die Liebe.

Stottern – Ursachen und Heilung

Viele Eltern sind unsicher, wie sie ihre Kinder erziehen sollen. Sie wissen, daß Fehler schwere Folgen haben können. Dafür sind nicht allein die Eltern verantwortlich zu machen. Die Umwelt, in der die Kinder aufwachsen, erzieht mit: die Familie, die Nachbarn, der Kindergarten, die Schule, die Massenmedien. Manchmal haben Kinder auch Anlagen, die unter bestimmten Bedingungen zu Schwierigkeiten führen.

Aber damit wollen sich viele Eltern nicht beruhigen. Sie wollen wissen, wie ihre Kinder gesund heranwachsen können, ohne unter seelischen Störungen leiden zu müssen. So gibt es zum Beispiel Erstsymptome, die das Kennzeichen dafür bilden, daß eine Hemmung eingesetzt hat. Sie zu beachten ist sinnvoll, weil die Störungen um so leichter zu heilen sind, je früher man sie erkannt hat. Ein Beispiel aus der Praxis soll das erläutern:

Eine junge Dolmetscherin kommt mit ihrem dreijährigen Sohn Jan zu mir. Jan ist ein fixes Bürschchen mit einer lebhaften und gut ausgebildeten Motorik. Er hat einen erheblichen Sprachschatz. Man merkt diesem Kind an, daß seine Umgebung sich viel mit ihm beschäftigt hat. Dennoch sind die Eltern mit Recht besorgt, denn dem Jungen gelingt nicht immer der glatte Ablauf des Sprechens. Gelegentlich nur als Anflug, manchmal bei der Beantwortung einer an ihn gerichteten Frage, stößt Jan an, stockt, wiederholt eine Silbe oder ein ganzes Wort. Die Mutter berichtet, daß sie diese Schwierigkeit etwa vor einem Jahr bemerkt habe. Daraufhin habe sie kleine Sprachübungen mit ihm unternommen, aber den Eindruck gehabt, daß sich das Leiden dadurch eher verschlimmert habe. Dann sei sie dazu übergegangen, mit ihm kleine Verse und Lieder auswendig zu lernen und habe dabei die Entdeckung gemacht, daß der Sprechablauf bei diesen vorgeformten Artikulationen absolut einwandfrei sei. Ich erkundige mich zunächst einmal nach dem Ablauf der ersten beiden Lebensjahre des Kindes.

Jan ist in seinem ersten Lebensjahr von seiner Mutter betreut worden. In Jans zweitem Lebensjahr war dem Dolmetscherehepaar eine interessante Stellung in Frankreich angeboten worden, die sie angenommen hatten. Jan ist zunächst in Deutschland geblieben und zu seinen Großeltern übergesiedelt. Ihr Vater sei pensionierter Offizier, berichtet die junge Frau, er habe besonders viel Zeit und Freude an der Erziehung des Enkels gehabt. Auch die Großmutter habe sich sorgsam um ihn gekümmert und ihn mit Anstrengung und Geduld zur Sauberkeit erzogen. Als Jan zwei Jahre alt gewesen sei, hätte sich, da er ja auch bereits vollständig sauber gewesen sei, die Möglichkeit geboten, ihm einen Platz in einem französischen Kindergarten zu sichern. So hätte man ihn umsiedeln und glücklicherweise wieder ganz zu sich nehmen können. Jan habe sich nach einigen Anfangsschwierigkeiten auch rasch an den Kindergarten und die fremde Sprache gewöhnt, er spräche heute, wie seine Eltern, perfekt zweisprachig, aber seine Sprachstörung sei wenige Wochen nach der Umsiedlung zunehmend deutlicher in Erscheinung getreten.

Was liegt hier vor, und wie läßt sich hier helfen? Sprachstörungen dieser Art, die sich im Laufe der Schulzeit oft zu einem lebenserschwerenden Stottern ausweiten, sind ein Zeichen dafür, daß das Kleinkind überfordert wurde. Jede Phase in der Entwicklung des Menschen hat ja ihre bestimmten Aufgaben, die dem Reifegrad des Kindes entsprechend gefördert werden müssen. Wird man diesen Reifeschritten nicht gerecht, fordert man zu viel, zu früh, zu spät oder zu wenig, so kann es zu Schwierigkeiten kommen. So gehören die Ausbildung des Bewegungsapparates, die Ausformung des Selbstbehauptungswillens und die Sprachentwicklung gleichermaßen zu den Entfaltungsaufgaben im zweiten Lebensjahr des Kindes. Die Ausbildung eines festen eigenen Willens bildet den Grund zu jeder aufbauenden, zu jeder schöpferischen Lebensleistung. Deshalb kann es auch nur folgerichtig sein, daß ein Kind, dem man diese Ablösung und die Ausbildung eines eigenen Willens verwehrt, allzuleicht gerade an jenem Vorgang eine Störung erleidet, der zu den ersten aufbauenden Leistungen eines Menschen gehört: nämlich an der Beherrschung und Fertigkeit des Sprechens.

In dieser Hinsicht hatte Jan aber erhebliche Schwierigkeiten gehabt. Nicht nur, daß er ausgerechnet zu dem Zeitpunkt, in dem er die ersten Ablösungsschritte von der Mutter zu vollziehen hatte, diese vollständig aus dem Auge verlor, nicht nur, daß er in eine ihm gänzlich fremde Umgebung versetzt wurde – er kam auch zu Menschen mit einem zwar liebevollen Bemühen, aber einem gänzlich anderen Erziehungsstil. Ausgerechnet in seinem zweiten Lebensjahr, in dem die Ich-Entwicklung und der Selbstbehauptungswillen sich entfalten wollen, kam er zu Erziehern, die diesen wohlwollend fortgesetzt unterbanden. Nicht das ,,Ich will" durfte sich entwickeln, sondern es wurde daraus ein ungesundes, übersteigertes ,,Ich muß". In dieser Ausrichtung wurden die Bemühungen um die Sauberkeitserziehung einbezogen. Sie wurde zu einer permanenten Nötigung auf den Topf zu einem bestimmten Zeitpunkt. Die gefährliche Empfindung ,,Ich darf nicht wollen", bekam zusätzlich den gefährlichen Impuls ,,Ich darf nichts behalten". Es gehört aber zur Notwendigkeit einer gesunden Entwicklung des Selbstbehauptungswillens, daß man 1. Ich sein darf, 2. daß man wollen darf, 3. daß man sich verteidigen darf und 4. daß man besitzen und behalten darf. Diese zur Selbstbehauptung biologisch vital verordneten Impulse bedürfen zwar später einer sorgsamen Grenzfindung, aber sie erleiden eine lebensbehindernde Einbuße, wenn sie in ihrem Aufblühen beschnitten, eingeengt und gedrosselt werden. Das Stottern des Kindes ist ein Kennzeichen dafür, daß die Natur im Kind Abwehrmechanismen gegen den Zwang zur Hergabe entwickelt hat. Es entwickelt sich generell eine Tendenz zur Zurückhaltung, zum Einbehalten – auch der Sprache, um dieser ungesunden Nötigung entgegenzuwirken.

Diese bemühte, aber stark einengende Erziehung der Großeltern bildete eine zu schwache Basis für die Aufgabe, die dem Jungen in seinem dritten Lebensjahr abverlangt wurde: Er sollte zu einem Zeitpunkt, an dem die Muttersprache noch nicht voll beherrscht wurde, eine zweite Sprache erlernen. Die fremdsprechende Kinderschar, die Notwendigkeit, sein Lebensrecht zu behaupten, für die er durch die Großelternerziehung nicht vorbereitet war, die Eingewöhnung bei den Eltern, die ihm mittlerweile fremd geworden waren – das alles überforderte das Kind.

Wie kann man Jan helfen? Die Mutter selbst fand, nachdem ihr diese Zusammenhänge klar geworden waren, den richtigen Weg: sie entschloß sich, mit Jan das Jahr, in dem er bei seinen Großeltern gelebt hatte, nachzuholen. Sie wollte ihm in einer

Phase der Zweisamkeit die Möglichkeit schenken, sich in eingebahnten Strukturen geborgen zu fühlen, Auseinandersetzungen mit der Mutter vorzuüben, zunächst nur in *einer* Umwelt zu Hause sein zu dürfen und damit eine Startbasis für seinen Selbstbehauptungswillen zu entwickeln. Nach einem Jahr berichtete die Mutter glücklich, daß die Schwierigkeiten behoben seien und der Junge nun auch einen halbtägigen Aufenthalt in dem Kindergarten des fremden Landes verkraften könne.

Grundsätzlich läßt sich in bezug auf das Vorbeugen von Sprachhemmungen sagen: Die Reifung des Bewegungsapparates in der Zwei- bis Fünfjährigkeit bildet die Voraussetzung dafür, daß der Selbstbehauptungswille in Erscheinung tritt. Wenn das Kind laufen kann, wird es sehr bald von dem dranghaften Impuls beherrscht, die beschützenden Arme, die stützende Hand der Mutter fortzustemmen, fortzustoßen, abzuschütteln, um sich selbständig zu machen. Das Kind will allein gehen. Dabei scheinen die festhaltenden, bindenden Handlungen der Erziehungsperson den auslösenden Reiz für trotzige Aktionen der Selbstbehauptung darzustellen. Kinder, die sich ihre Selbständigkeit nicht erkämpfen müssen, werden immer wieder versuchen, provozierend Widerstände hervorzurufen. Das ist zum Beispiel auch die Erklärung dafür, warum Kinder, die man ohne alle Einschränkung erzieht, immer aggressiver werden. Sie wollen erleben, daß sie mit ihrem Selbstbehauptungswillen nicht in Watte stoßen. Sie suchen eine Möglichkeit, sich an dem dafür vorgesehenen Objekt zu betätigen.

Im Entfaltungsprozeß des Menschen hat der Antrieb zur Selbstbehauptung eine spezifische Aufgabe: die Befreiung aus der Bindung so weit, daß eigenständige Entwicklung möglich werden kann. Bei einem Kind ohne Trotzphase verzögert sich die Entwicklung und führt nicht selten in eine Zwangsneurose. Solche Neurosen entstehen bei Kindern nicht nur durch Einengung, die sie im Alter von ein bis drei Jahren durch starke Dressuren auf Still- und Bravsein erleiden, sondern z. B. auch durch ein langes Festliegen in einem Krankenhaus während dieser Zeit. Häufig sind diese Kinder dadurch gekennzeichnet, daß sie trotz ihrer Steifheit und Bravheit von einer nervösen Bewegungsunruhe beherrscht werden. Sie können zum Beispiel oft bei Tisch nicht stillsitzen. Zum typischen Erscheinungsbild eines Durchbruchs durch eine solche Hemmung gehören gesteigerter Zerstörungsdrang oder gar blinde Zerstörungswut gegen alle möglichen Objekte oder Personen, hinterhältiges Angreifen und Ärgern von kleineren oder schwächeren Genossen. Damit wird deutlich, daß die Aggressionen erst negative Akzente erhalten, wenn sie durch einen Mangel an urtümlicher Befriedigung gestaut und verborgen werden. Durch Angriff und Strafe steigert sich der Antriebsdruck und greift auf andere Objekte über. Kinder, die im Elternhaus überstark eingeengt und brav gemacht sind, können in der Schule grobe Störer sein. In der Mehrzahl der Fälle befindet sich unter den Bezugspersonen eines stotternden Kindes ein sehr dominierender „Erzieher", der mit großer Beredsamkeit „Druck- und Pfropfpädagogik" betreibt, sei es durch die Betonung eines Erziehungsprinzips, das Gehorsam, Pflichterfüllung und Hochleistung übersteigert, sei es durch einen barschen Kommandoton. Häufig ist ein stotterndes Kind aber auch von vielen aktiv gängelnden Bezugspersonen – alten und jungen – umgeben, wobei es nicht selten der Fall ist, daß eine im Grunde auf das Geschwisterkind neidische, um einige Jahre ältere Schwester die Rolle des Tyrannen besetzt hat.

Als therapeutische Grundregel ist folgendes zu beachten:
1. Vermeidung jeglichen Bewußtmachens der Sprechschwierigkeit. Übungen und Korrekturen mit der Anweisung: „Hol' erst einmal tief Luft, wiederhole langsam den Satz!" verstärken und chronifizieren die Störung!
2. Förderung der Bedürfnisse des Kindes, sich zu verselbständigen. Dazu ist das Bekanntwerden und Umgehen mit den Dingen ebenso wichtig wie das Üben des Bewegungsapparates und die Lockerung des Bandes, das es mit der Mutter verbindet, jedenfalls soweit es sein Selbständigwerden zu behindern droht. Wenn man die Antriebsspannung in dieser Phase entlasten und damit Heilung erwirken will, so heißt das, dem Kind hinreichende Gelegenheit zu Verselbständigung zu verschaffen in einem Rahmen, in dem die Gefahr schwerer Körperschädigungen des noch unerfahrenen und unreifen Kindes vorsorglich eingeschränkt ist. Das heißt nicht, daß das Sichkümmern und Anregen des ersten Lebensjahres jetzt aufgegeben werden darf. Aber es ist darüber hinaus nötig, die Eigeninitiative des Kindes zu unterstützen, Aktivität und Bewegung zuzulassen und zu fördern. Trotzausbrüchen des Kindes darf mit Festigkeit und Wider-

stand begegnet werden, aber es ist schädigend, seinen Willen durch gewaltsame Maßnahmen und strafende Worte zu „brechen".

3. Das Kind braucht in dieser Phase zunehmend mehr die Möglichkeit, sich in eine räumliche Distanz zur Pflegenden zu begeben, ohne sie ganz aus dem Blickfeld oder der Rufnähe zu verlieren. Es muß gelegentlich zur Mutter zurückfinden können, wenn es ihren Schutz braucht. Es ist aber nicht angebracht, dem Kind diesen Schutz aktiv aufzudrängen. Ein Behüten, das dem Kind auf Schritt und Tritt deutlich werden läßt, daß die Welt voller lebensbedrohlicher Gefahren ist, verstärkt die Sprechhemmung. Es ist förderlich, dem Kind keine Handlungen abzunehmen, die es selbst tun kann und will. Es braucht Zeit und Gelegenheit, auf eigene Faust mit den täglichen Dingen zu hantieren.

4. Es ist zudem wichtig, darauf zu achten, daß die Handlungsabläufe des stotternden Kindes zum Abschluß gebracht werden können, besonders dann, wenn die ungerichtete Aktivität sich zu einer konstruktiven Zielvorstellung verdichtet hat. Das häufige Unterbrechen solcher Handlungen durch die Erzieher verstärkt das Symptom.

5. Das Eindressieren von Kulturtechniken, womöglich noch unter Anwendung von Strafreizen, schadet dem stotternden Kleinkind, da zu viel Forderungsdruck der Aufgabe dieser Entwicklungszeit zuwiderläuft. Mit Kulturtechniken sind in diesem Zusammenhang gemeint: Lesen-, Schreiben- und Rechnenlernen trotz Widerstreben und Desinteresse des Kindes, Dressur auf Sauberhaltung der Kleidung und Inordnunghalten der Spielsachen unter Verzicht auf den Umgang mit den Dingen und Elementen.

6. Dem stotternden Kind muß es gestattet sein, einen kleinen eigenständigen Besitz zu haben, den ihm niemand streitig machen kann. Oft besteht die primäre Ursache darin, daß das Kind auf dem Boden einer drastischen Sauberkeits- und Abgabedressur die Vorstellung erworben hat, daß man ihm alles und jedes fortnehmen will. Ein solcher Zwang zur Abgabe kann Angst vor jeder Form von Abgabe bewirken, schließlich auch die zur Abgabe von Worten und Mitteilungen, so daß sich die Stottersymptomatik einbahnt.

Grundsätzlich läßt sich sagen: Die Gefahr, Kinder während ihrer Entwicklung seelisch und geistig zu beschädigen, verringert sich in dem Maße, wie wir unseren Erziehungsstil dem des Gärtners annähern. Denn auch unsere Kinder sind Organismen, wenngleich mit den besonderen Entfaltungsbedingungen der Art Mensch ausgestattet, so doch den Gesetzen alles Lebendigen unterworfen. Beim Aufziehen von Blumen, Pflanzen, Bäumen, Tieren und Menschen gilt die Regel: Alles, was wir anregend oder eingreifend tun, muß zu seiner Zeit in rechtem Maß erfolgen. Eigenmächtigkeit und törichte Fremdbestimmung aufgrund eines gewaltsamen Durchsetzens eigener Zwecke schadet und führt zum Mißerfolg.

Wir werden dem einzelnen Kind nur gerecht und haben um so mehr Chancen, es seelisch gesund heranwachsen zu sehen, je mehr wir die allgemeinen Phasen der menschlichen Entwicklung kennen und den einzelnen Menschen hellhörig in seiner Entwicklung begleiten. Das ist nur möglich durch unser Dazwischensein, durch unsere mehr spürende und einfühlende als denkende Dauerbeobachtung. Dazu ist es gar nicht nötig, daß wir die Kinder immer zum direkten Zielpunkt unseres Handelns machen, sondern vielmehr, daß wir sie begleiten und in unser Dasein hineinnehmen.

Das Gespür für dieses Grundgesetz in der Erziehung ist uns fast vollständig abhanden gekommen. Wir wollen immer etwas machen, etwas trainieren, etwas erreichen. Wir haben oft allzu rasch ein theoretisches Konzept zur Verbesserung bereit, in das die Kinder auf Biegen oder Brechen einbezogen werden. Wir geraten nur allzu leicht in die Versuchung, die Kinder nach unserem eigenen Bild umformen zu wollen. Oder wir versuchen gar, sie in unser Leben so einzubauen und zu organisieren, daß sie unseren herrschenden Eigeninteressen und Bequemlichkeiten nicht allzu aufdringlich im Wege stehen. Die mäßigen Ergebnisse oder auch oft der totale Mißerfolg bei solchen Methoden sollten uns lehren, daß sie in die Irre führen. Kinder brauchen Menschen, die sich wie Gärtner verhalten, deren Liebe zu ihren Pflanzen sich darin ausdrückt, daß für sie Raum ist in ihren Herzen, ihren Augen, ihren Gedanken und in ihrem Tun.

Geschiedene Ehen – leidende Kinder

In einer vielgelesenen Zeitung berichtet eine junge Frau begeistert von ihrer Ehescheidung: Sieben lange Jahre habe sie das langweilige Leben einer Nur-Hausfrau und -Mutter gespielt. Mit dem Tag ihrer Scheidung habe sie sich von all dem Unglück getrennt, habe sogar alle ihre alten Kleider verbrannt. Jetzt ginge sie wieder mit Freude ihrem Büroleben nach, verdiene 1700 DM netto und wähle in bezug auf ihre Männerbekanntschaften sehr viel bewußter aus. Am Schluß dieses Berichtes steht ein kleiner Satz, der das neue Glück aber doch nicht weiter in Frage stellen soll: „Die einzige Leidtragende", so heißt es, „ist die sechsjährige Tochter Martina; sie ist vorläufig bei der Großmutter untergebracht."

Millionen Frauen lasen diesen Bericht. Ja, jetzt war die junge Frau glücklich – vorher war sie lange unglücklich gewesen. „Warum soll ich das nicht auch so machen?" fragen sie sich, „lohnt es sich, für einen Mann ein ganzes Leben zu opfern? Hielt er etwa, was er versprach? Keineswegs! Ist er nicht langweilig, unzuverlässig oder gar treulos? Die Kinder müßten wohl irgendwo untergebracht werden. Vielleicht nimmt sie meine Mutter zu sich, oder die Schwiegermutter oder vielleicht ein kinderloses Ehepaar? Vielleicht findet sich auch ein Internat?"

Leider werden nur zu oft in solchen Überlegungen und Meinungen wie denen des Zeitungsberichts die Fragen verdrängt: Und wie *fühlen* sich die Kinder? Wie verkraften sie ihr Waisenleben? Denn wir müssen uns darüber klar sein: in den allermeisten Fällen verlieren die Scheidungswaisen nicht nur ihren Vater, sondern auch ihre Mutter als ständige Betreuerin, eben weil sie wieder arbeitet. Das Leben der Mutter bekommt einen ganz anderen Akzent: den einer selbständigen Frau mit eigenem Verdienst und dem Recht auf ein ungebundenes Liebesleben. Solche Kinder tragen in der Tat oft viel Leid, und in einer großen Zahl der Fälle läuft ihre Entwicklung fortan nicht mehr gerade, sondern so schief, daß die Probleme schließlich doch als Bumerang auf die Mütter zurückfallen.

Ein Beispiel soll das verdeutlichen: Eine neunundzwanzigjährige Verkäuferin läßt sich nach zehnjähriger Ehe scheiden. Sie habe, so berichtet sie, als der Sohn Norbert geboren wurde, ihren Beruf aufgegeben; ihr Mann fühlte sich damals aber keineswegs in gleicher Weise gebunden wie sie. Nach siebenjähriger Ehe habe sie entdeckt, daß er eine Geliebte hatte. Viel habe sie über diesen Kummer mit ihrem kleinen Sohn gesprochen, der auch häufig freiwillig dem Vater nachspürte, um ihn bei seinen Treulosigkeiten zu ertappen. Als der Vater aus dem Ehebett ausziehen mußte, durfte der kleine Sohn fortan bei der Mutter schlafen. Die Beziehung zwischen Mutter und Sohn sei damals besonders innig gewesen; beide hätten gleichermaßen den Treulosen verabscheut und gehaßt. Schließlich sei die Ehe auf Antrag der Mutter geschieden worden. Der Vater, der sich wenige Monate später in einer anderen Stadt erneut verheiratete, habe es achselzuckend zur Kenntnis genommen, daß sein Sohn, mit dem er sich früher gut verstanden hatte, nichts mehr von ihm wissen wollte. Er verzichtete auf Besuchsregelungen und versorgt das Kind jetzt lediglich mit reichlichen Geldzuwendungen.

Die Mutter ließ sich zur Krankenschwester umschulen, und das Kind kam zunächst zu seiner Urgroßmutter. Diese war zwar schon sehr alt und schwerhörig; aber es sei eben die einzige Möglichkeit gewesen, das Kind bei Verwandten unterzubringen, gibt Frau X an. Als die Urgroßmutter bald darauf starb, wechselte das Kind für einige Monate zur Großmutter – der Mutter des Vaters – über. Dort habe es der Junge schwer gehabt. Die Großmutter hetzte ihn gegen seine Mutter auf und habe den Haß auf sie aufgrund der Trennung von ihrem Sohn an dem Kind ausgelassen. Deshalb nahm sie den Jungen unmittelbar nach Abschluß ihrer Ausbildung wieder zu sich. Sie zogen in eine neue Wohnung, in eine andere Stadt, und zum vierten Mal innerhalb von zwei Jahren kam Norbert in eine andere Schule. Aber das Leben mit dem Jungen allein war schwierig geworden. „Er kam oft gerade aus der Schule, wenn ich zum Schichtdienst aufbrechen mußte", sagt die Mutter, und Norbert fügt verbittert hinzu: „und am Wochenende durfte ich dann 'mal wieder zu dieser idiotischen Großmutter fahren – denn dann war mein Bett besetzt." Die Mutter bestätigt das: Ja, sie habe einen sehr viel jüngeren Freund gefunden, über dessen Anwesenheit der Junge oft in eifersüchtigen Zorn gerate. Nun stecke sie in dem Dilemma, daß Norbert die neue Verbindung praktisch blockiere. Auch sonst bereite er seiner Mutter große Sorgen: er sei nicht nur in der Realschule bereits einmal sitzengeblieben und drohe erneut zu versagen, sondern er habe sich bei den großmütterlichen Wochenendbesuchen einer jugendlichen Bande angeschlossen, mit der er raubend durch die Lande ziehe. Der Umstand der bevorstehenden Gerichtsverhandlung ist denn auch Anlaß zur psychologischen Untersuchung.

Solche Fälle kommen in der psychagogischen Praxis häufig vor. Viele Söhne mit ähnlichem Schicksal entwickeln eine neurotische Fehlhaltung, und manche gehen in die Kriminalität. Die erste Etappe auf diesem Weg ist die Enttäuschung am Vater, das Sich-Verraten- und Verlassen-Fühlen des Sohnes durch die Trennung von ihm; die zweite ist eine oft viel zu enge unkindgemäße Bindung an die Mutter. Diese Mutterbindung wird weniger durch das neue Berufsleben zerstört, sondern mehr durch das Miterleben einer neuen Liebesbeziehung der Mutter. Die Söhne erleben die neue Bindung ihrer geschiedenen Mütter in gleicher Weise als Untreue und Verrätertum wie bei ihren Vätern. Sie sind von den Eltern abgrundtief enttäuscht und fühlen sich von ihnen allein gelassen, hatten sie nach der Trennung der Eltern doch insgeheim gehofft, Vaters Platz an der Seite der Mutter einzunehmen. Diese zweite Enttäuschung, nun an der geliebten Mutter, wirft Söhne oft vollständig, manchmal zeitlebens, aus der Bahn. Sie hören auf zu arbeiten, mißachten Rat und Bitten der Mütter, und ihr Leben gerät, ohne daß ihnen das selbst bewußt wird, unter das Gesetz der Vergeltung. Diese Gestimmtheit wird um so gefährlicher, wenn der Liebhaber der Mutter sich einmischt und sich anmaßt, mit scharfem Zügel, mit Ohrfeigen und Strafen dem „verwöhnten Kronprinzen" gegenüber Ersatzvater zu spielen. Häufig brechen solche Söhne ihre Schullaufbahn oder ihre Ausbildung ab, beginnen zu gammeln, zu haschen oder zu trinken. Ihnen bleiben nur zwei – destruktive – Befriedigungsweisen, was ein Jugendlicher im Gespräch mit mir folgendermaßen ausdrückte: „Der Alte muß sowieso blechen, und wenn *sie* kommt und greint und fleht, so ist mir das gerade recht."

Weil diese Situation in Scheidungsfällen häufig ist, sind

Jungen im allgemeinen durch Scheidungen schwerer störbar als Mädchen. Aber auch Töchter können durch Ortswechsel und zu geringe emotionale Betreuung zu Leidenden werden, auch sie können eifersüchtig das Liebesleben der Mutter beobachten und eine generelle Abscheu gegen Männer entwickeln, was ihnen den Start ins Leben als erwachsene Frau erschwert.

Viele Leser werden an dieser Stelle empört den Kopf schütteln und einwenden: „Aber das *muß* doch nicht so sein. Das läßt sich mit Vernunft und Wissen doch auch anders handhaben. Oft schadet eine weiter bestehende, aber zerrüttete Ehe den Kindern in ihrer Entwicklung ja ebenfalls! Das Leben der Scheidungswaisen muß von Fall zu Fall und mit viel Verantwortungsbewußtsein für die Kinder geregelt werden." Diese Einstellung ist gewiß richtig, und mit diesem Aufsatz will ich zu einer solchen verantwortlichen Nachdenklichkeit gerade auch in den Fällen verhelfen, in denen die Scheidung unumgänglich ist. Aber zunächst muß klar sein: in ungezählten Fällen ist die Scheidung der Eltern *die* sehr erschwerende Schicksalsweiche der Kinder, und das wird sie in vielen weiteren Fällen werden, wenn jener Trend anhält, der in dem Zeitungsbericht so eindrücklich deutlich wird. Denn dieser Geist verdrängt die Verantwortung für die Kinder, die Verpflichtung für sie tritt kaum noch in Erscheinung; das Recht auf das eigene Glück der Erwachsenen, das Recht auf ein selbständiges Leben der Mutter wird übersteigert in den Vordergrund gerückt. Wenn dieser Trend anhält, wenn wir ihn gar noch durch scheidungserleichternde Gesetze unterstützen, wird es in einigen Jahren wesentlich weniger stabile junge Ehen geben. An ihren ersten Krisen werden sie zugrunde gehen, wenn wir personale Lust zum Zielpunkt des Lebens machen und Unlust einfach abzuschaffen trachten, kaum daß sie uns trifft. Mit solcher Einstellung ist eine fünfundzwanzigjährige Ehe, wie sie zum bergenden Aufziehen von mindestens zwei Kindern unumgänglich ist, nur in den seltensten Fällen aufrechtzuerhalten; denn fehlbar sind wir doch alle! Wie rasch wird unserem Ehepartner nach einigen Jahren des Zusammenlebens unser wahrer Charakter offenbar: unsere Verschwendungssucht oder unser Geiz, unsere Genußsucht oder unsere Einsiedlerlust, unsere Empfindlichkeit und Aggressivität, unsere Labilität in bezug auf das andere Geschlecht, unser mühseliges zu ertragendes Immer-in-die-gleiche-Fehler-Fallen!

Wie schwer ist es doch ganz generell, die immer gleichen Schwächen seines Nebenmenschen ein Leben lang Tag für Tag zu ertragen. Wenn wir gegen diese schwerwiegende Waagschale nicht mehr als Gegengewicht die Geborgenheitsnotwendigkeit unserer unmündigen Kinder, wenn wir dagegen nicht mehr den Wert des Lernens durch Lastentragen setzen wollen, so wird nur allzu häufig und allzu leichtfertig der Weg der Scheidung bereits bei den ganz üblichen Anfangsschwierigkeiten im Eheleben gewählt werden. Dieser Leichtfertigkeit soll hier mit der Schilderung der Kindernot entgegengesteuert werden, denn dieser D-Zug in eine weitere psychische Labilisierung der künftigen Generation hinein ist schon längst abgefahren, und es ist allerhöchste Zeit, ihn zu bremsen. 1974 zerbrachen in der BRD mehr als 90 000 Ehen! In Hannover wurden z.B. 1974 3750 Ehen geschieden. Dem standen nur 3300 Eheschließungen gegenüber. Von 1956 bis 1971 stieg die Zahl der Scheidungen in Niedersachsen um 66%, in Rheinland-Pfalz um 83%, in Bremen um 86% und in Schleswig-Holstein sogar um 122%. Wir dürfen annehmen, daß bei einem großen Teil dieser Ehescheidungen unmündige Kinder in den Familien vorhanden waren.

Meine Praxiserfahrung hat mich aber gelehrt, daß sich viele dieser Ehen retten lassen, wenn die Verantwortung für die Kinder realistisch mitbedacht und die Ehekrise als konstruktive Aufgabe verstehen gelernt wird.

Ein Beispiel mag für viele stehen: Ein junger Architekt sucht mich mit seiner Frau und seinen beiden Kindern, einer vierjährigen Tochter und einem einjährigen Sohn, auf. Der Familienvater hat seit einem Jahr eine ihn heftig faszinierende Liebesbeziehung zu einer jungen Sekretärin, die ihn drängt, sich scheiden zu lassen. Seine Frau ist tief gekränkt wegen dieser Liaison ihres Mannes. Die sexuelle Beziehung zueinander ist abgebrochen. Die Ehefrau würde in die Scheidung einwilligen, wenn ihr Mann eine Lösung für die Kinder fände. Nach einer eventuellen Scheidung wolle sie wieder als Krankenhausärztin arbeiten. Aber diese Lösung für die Kinder fehlt. Großeltern sind nicht vorhanden, und sie erbitten meinen Rat wegen der Kinderbetreuung. Ich frage den jungen Vater, ob er an seinen Kindern hänge, ob er sie liebe. Er beteuert das bestürzt. Daraufhin erkläre ich ihm die so wichtige Aufgabe des Vaters gerade im Leben einer vier- bis sechsjährigen Tochter, ich schildere ihm die psychischen Gefahren des Wechsels von Pflegepersonen im ersten und zweiten Lebensjahr eines Kindes in bezug auf seinen kleinen Sohn. Die Eltern sind sehr nachdenklich geworden; von den Folgen frühkindlicher Erlebnisse für die Charakterentwicklung im Erwachsenenalter hatten sie kaum etwas gehört. Ich frage den jungen Mann, ob er es für gänzlich ausgeschlossen halte, daß er sich nach der Eheschließung mit seiner Freundin nicht noch einmal in eine andere Frau verlieben könnte. Ich erkläre, daß es Regel sei, daß ein Mann sich innerhalb seines Erwachsenenlebens viele Male von einer anderen Frau heftig angezogen fühle, ob er dann jedes Mal eine Scheidung einleiten wolle? Ich frage die junge Frau, ob es ihr gänzlich ausgeschlossen erscheine, daß sie sich noch einmal in einen Mann verlieben könnte. Sie lächelt und sagt, sie habe ihren Mann von einer solchen Möglichkeit bereits vor der Eheschließung unterrichtet und ihn, sollte dieser Fall eintreten, vorsorglich um Geduld gebeten, die er ihr auch zugesichert habe. Ich frage sie, ob sie es nicht vielleicht doch noch weiter in Geduld mit ihrem Ehemann versuchen möge. Ich spreche vom Reifen durch Geduldhaben, vom Zusammenwachsen durch das Tragen von Leid, auch durch gemeinsames Heilen von Wunden, die man sich gegenseitig schlug. Ich rate, auf jeden Fall die Entscheidung nicht übers Knie zu brechen, das Schicksal der Kinder, die Verantwortung für sie als einen gewichtigen Gesichtspunkt mit in ihr Nachdenken hineinzunehmen. – Nach einigen Monaten berichtet das Paar beglückt von der Stabilisierung ihrer Beziehung und der kleinen Familie.

Manchen Ehen kann man in dieser Weise helfen, vor allem in jenen Fällen, wo die Gefahren der Fehlentwicklungen von Scheidungswaisen zu wenig bekannt sind und bei denen durch kollektive Klischeevorstellungen und Falschinformationen (z. B. über das sogenannte „normale" Sexualverhalten, durch Illustriertenlektüre erzeugt) Fehlerwartungen künstlich hervorgerufen wurden, die sich richtigstellen lassen.

Es gibt aber auch Fälle, in denen die – meist seelisch bedingte – krankhafte Eheunfähigkeit eines oder beider Partner gerade um der Kinder willen eine Scheidung unumgänglich macht. Jedoch sollte auch hier der Entschluß nicht leichtfertig gefaßt werden. Ich habe durch unsere verbesserten Entziehungsanstalten und mit Hilfe resozialisierender Blaukreuz-Betreuung manche schlimm gefährdete Trinkerehe sich wieder festigen sehen. Sogar Ehen mit Psychotikern oder chronisch Depressiven lassen sich durch die Fortschritte der Psychiatrie, durch Beratung und Stützung des gesunden Partners so halten, daß die Kinder keinen Schaden nehmen.

Gibt es schließlich keinen anderen Ausweg als die Scheidung, sollten alle Anstrengungen gemacht werden, um folgendes zu verhindern: Erstens Feindschaft der Kinder zum Verursacher der Scheidung, zweitens Kreidekreissituationen durch Hin- und Herzerren der Kinder nach der Scheidung, und drittens muß man größte Vorsicht und Behutsamkeit in bezug auf die Konfrontation und Eingewöhnung der Kinder an Ersatzmütter oder -väter walten lassen. Wir müssen uns bewußt sein, daß die Kinder noch bis in die Pubertät hinein die Scheidung ihrer Eltern letztlich als ein Ausgesetztwerden erleben und daß die Eltern dafür verantwortlich sind, die Kinder sehr sorgsam mit soviel seelischer Kraft auszustatten, daß sie einen solchen Basisentzug psychisch gesund überstehen.

Brutkastenkinder

Eine Mutter erscheint mit ihrer zwölfjährigen Tochter in der Praxis. Sie berichtet, daß das Mädchen seit zwei Jahren so große Not habe, Nahrung aufzunehmen, daß es mehrere Male in einer Klinik habe künstlich ernährt werden müssen, um es vor dem Verhungern zu bewahren. Es sei seit dem zehnten Lebensjahr nicht mehr gewachsen, leide chronisch an einem erheblichen Untergewicht und zeige generell eine merkwürdige Nein-Sagerei. Das Kind sei eine ausgezeichnete Schülerin in der 5. Klasse einer Oberschule (man habe es verspätet eingeschult, da es ein Spätentwickler sei). Es gäbe sich viel Mühe in der Schule und sei von einer ängstlich-besorgten Gewissenhaftigkeit. Nach der Vorgeschichte befragt, gibt die Mutter an, daß das Mädchen als Siebenmonatskind mit einem Gewicht von nur 1200 g zur Welt gekommen und sofort in den Brutkasten gelegt worden sei. Man habe noch wochenlang um sein Leben gebangt – das Kind mußte künstlich ernährt werden – und die Mutter habe es nach zehn Wochen mit einem Gewicht von 3000 g übernommen. Freilich sei auch danach die Pflege sehr mühselig gewesen. Monika habe viele kleine Mahlzeiten aus der Flasche bekommen müssen und sei ein unruhiger Säugling gewesen. Später habe sie aber rasch aufgeholt und – abgesehen von einer allgemeinen oppositionellen Einstellung und der vielen Nein-Sagerei – habe es bis zum zehnten Lebensjahr keine Probleme gegeben. Die Eßverweigerung habe mit der Verschickung in ein Ferienzeltlager eingesetzt. Das Kind habe dort entsetzliches Heimweh bekommen, habe eigentlich nach anfänglicher Freude an dem Plan auch gar nicht so recht abfahren wollen und sei mit der schweren, nicht brechbaren Eßstörung zurückgekehrt, obgleich eine Ursache für diese Schwierigkeit sich nicht habe finden lassen.

Die Mutter sagt nach diesem Bericht: „Wir haben uns schon so viele Gedanken darüber gemacht, ob die Schwierigkeit nicht doch etwas mit dem komplizierten Lebensanfang von Monika zu tun haben könnte und ob ich an dieser Stelle wohl alles richtig gemacht habe oder ob ich es hätte richtiger machen können. Schauen Sie, ich habe eine Zwillingsschwester; sie trug gleichzeitig mit mir ihr erstes Kind aus. (Wir hatten eine Doppelhochzeit gemacht und wurden kurz danach beide schwanger.) Meine Schwester bekam auch ein Frühkind, es war allerdings ein Achtmonatskind und wog bei der Geburt schon 2000 g; es kam ebenfalls in den Brutkasten, wenn auch nur für vier Wochen. Meine Schwester hatte sich nun hartnäckig in den Kopf gesetzt, das Kind danach selbst zu stillen. Als sie das nach der Geburt des Kindes dem Personal im Kreißsaal erzählte, schüttelten die nur die Köpfe und lachten sie aus. Aber sie hat dann mit einer Pumpe vier Wochen lang dreimal pro Tag die Brust entleert und die Milch ihrem Baby zukommen lassen. Als das Kind nach Hause kam, hat sie es noch eine Weile mit der Muttermilch aus der Flasche gefüttert, wie das Kind es gewöhnt war. Dann aber hat das Kind nach vielen anfänglichen vergeblichen Versuchen direkt bei der Mutter zu trinken gelernt. Ja, nach etwa sechs Wochen wollte es gar nichts anderes mehr annehmen als nur die Mutterbrust. – Wir haben unsere Kinder nun immer viel verglichen, und ich kann nur sagen, daß die Entwicklung meiner kleinen Nichte von Anfang an viel besser lief. Schon als die kleine Franziska elf Wochen alt war, begann sie sich lallend mit der Mutter zu unterhalten. Sie schaute sie beim Gestilltwerden an, setzte dann ab und führte – ohne natürlich auch nur annähernd sprechen zu können – mit lebhaftem Mienenspiel, mit Zungeschnalzen und Mündchenverziehen, mit Lächeln und verschmitztem Augenrollen ein ‚Gespräch‘ mit ihrer Mutter. Unsere Monika machte das nie. Ihre Mahlzeiten waren ziemlich rasch beendet, und sie blieb lange wie ein etwas stumpfes, ernstes Tierchen. Sie trank zwar zügig aus der Flasche, aber ich hatte oft lange hinterher damit zu tun, sie zur Ruhe zu bekommen. Sie war im Gegensatz zu Franziska auch nach dem Trinken kein zufriedenes Kind, wahrscheinlich weil sie der Bauch von der vielen Nahrung drückte. Meine kleine Nichte ist auch jetzt ein ganz ausgeglichenes, extrem lebensbejahendes, heiteres Mädchen. Sie ist nicht so streng mit sich in der Schule. Auch sie schulte man vorsorglich ein Jahr später ein; aber sie verkrampft sich nicht so bei den Schularbeiten wie Monika. Sie ist eine durchschnittliche Schülerin in der gleichen Klasse, ein lebhaftes, allseits beliebtes Kind.

Hätte ich es damals anders machen müssen? Aber man ist ja auch so hilflos, und ich tat alles, was mir die Ärzte rieten."

Gewiß sind die Schuldgefühle dieser Mutter unberechtigt, und gewiß ist es nötig, ihr zu erklären, daß wir unser Schicksal und das unserer Kinder nicht allein in der Hand haben, daß der extrem schwere Lebensstart ihrer kleinen Tochter nun einmal eine so lange Trennung von ihr unumgänglich machte und daß es noch vor zwölf Jahren gewiß kaum möglich gewesen wäre, das Kind am Leben zu erhalten und die Brustnahrung ohne Anlegen des Säuglings so lange zu erhalten.

Aber abgesehen von der Unabänderlichkeit des Lebensanfangs von Monika scheint es mir heute dringend nötig, daß wir uns über das häufig zu beobachtende Zusammentreffen von Frühgeburt, Brutkastenschicksal und späterem Auftreten typischer Lebensschwierigkeiten Gedanken machen. Laut ärztlichen Statistiken nimmt die Zahl der Frühgeburten (heute sind es in Westdeutschland 12,9%) und damit der Brutkastenkinder, die überleben, von Jahr zu Jahr zu. Die Ursachen dieses Phänomens sind noch nicht vollständig abgeklärt. Viele junge Frauen heute sind extrem schlank, stehen an der Grenze zur Unterernährung. Viele Akademikerinnen bekommen ihre Kinder jenseits der Dreiundzwanzigjährigkeit nach abgeschlossener Ausbildung. (Die Gefahr einer Frühgeburt bei Erstgebärenden nimmt jenseits dieser Altersgrenze zu.) Der Streß der Berufstätigkeit während der Schwangerschaft mag zusätzlich als Risikofaktor in Frage kommen. Aber wie dem auch sei: die Tatsache der rasanten Zunahme solcher Risikokinder macht es nötig, rascher Erfahrungen zu sammeln, um wirksamer Prophylaxe betreiben zu können, als das heute geschieht.

Zumindest darf nach allem, was wir über die Bedeutsamkeit der Pflegebedingungen im ersten Lebensjahr wissen, vermutet werden, daß Franziskas Mutter durch ihren großen unermüdlichen und geduldigen Einsatz das Risiko einer Verhaltensstörung herabgesetzt hat. Monikas Mutter war das wegen der sehr langen Brutkastenzeit ihrer kleinen Tochter nicht möglich gewesen. Dementsprechend zeigt sie heute nach einem akuten Trennungserlebnis (dem Zeltlager) eine Wiederbelebung der gewiß nur dumpf, aber doch erlebten Ängste nach ihrer Geburt. Sie erlebte die Trennung von den Eltern als eine existentielle Bedrohung, sie hielt – unrealistisch und unbewußt – ihre Eltern für die bösen Abtrennenden und antwortete – reaktiv auf die Erstsituation der gewaltsamen Nahrungszufuhr – mit einer lebensbedrohlichen Eßverweigerung. Monika vollzog gewissermaßen aus dumpfer, neu belebter Rache eine generelle Eßverweigerung. Ihr depressiver Negativismus wurde für sie zum existentiellen Problem.

Nachdem Freud, Spitz, Schultz-Hencke und Dührssen zu der Einsicht verholfen hatten, daß die Pflege- und Fütterungsbedingungen im ersten Lebensjahr mit darüber entscheiden, ob der Mensch später an schweren, nur mühsam heilbaren Kernneurosen leidet oder nicht, habe ich versucht, mit Hilfe meiner Praxiserfahrung klarer zu differenzieren, was seelisch krank macht und was nicht, um gründlichere Prophylaxe betreiben zu können. Dabei ergab sich folgendes:

1. Depressionen und Suchthaltungen werden um so leichter vorbereitet
   a) je unangemessener (zu leicht, zu schwer, zu gewaltsam) dem Säugling die Nahrung gereicht wird;
   b) je öfter er auf sein Schreien hin über Stunden permanent keine Nahrung bekommt.
2. Kontaktschäden im Sinne von Bindungslosigkeit und Bindungsverweigerung werden um so leichter vorbereitet
   a) je weniger Säuglinge im „Schaualter" (zwischen dem dritten und sechsten Lebensmonat) Gelegenheit haben, eine konstante Bezugsperson anzuschauen, kennenzulernen und sich mit ihr zu unterhalten;
   b) je öfter und länger im folgenden Jahr bis zum achtzehnten Lebensmonat die Kinder von dieser Bezugsperson, an die sie sich gebunden haben, getrennt werden.
3. Neurotische Verwahrlosung mit der Symptomtrias Bindungslosigkeit, Passivität und Ordnungsfeindlichkeit, mit Negativismus und Neigung zu Raub- und Gewaltkriminalität entsteht um so leichter, je mehr von den eben genannten Minusvarianten am Lebensstart eines Menschen vorhanden waren (Siehe auch B. Gareis, F. Wiesnet: Frühschicksal und Jugendkriminalität, 1974).

Wie differenzierte Untersuchungen von verhaltensgestörten frühgeborenen Kindern und Jugendlichen zeigen, haben sie keineswegs alle einen hirnorganischen Schaden, ist also keineswegs bei allen die Situation gegeben, daß der Schaden bereits in der Schwangerschaft oder unter der zu frühen Geburt entstand; bei vielen von ihnen läßt sich dergleichen nicht nachweisen. Vielmehr dominieren jene Kennzeichen, die auf unangemessene Fütterungs- und Pflegeweisen im oben beschriebenen Sinne hindeuten.

Bei Brutkastenkindern sind diese Fütterungsweisen ja zwangsläufig unnatürlich und gewaltsam, weil der Saugreflex meist noch gar nicht funktioniert, wenn die Kinder geboren werden. Aber selbst wenn er eintritt und die Kinder in häusliche Pflege genommen werden, wird den Schwierigkeiten dieser kleinen Kinder, sich die Nahrung zu ersaugen, kaum Rechnung getragen, d. h., es wird weiter unangemessen mit weitem Flaschensauger die Nahrung *eingeflößt*, statt der Notwendigkeit gerecht zu werden, daß die Kinder allmählich Sauganstrengung lernen müssen, um gegen eine neurotische ,,Aktivitätsatrophie" und Verweigerungssucht gewappnet zu sein. Kinder mit einer solchen sekundären Neurose zeigen schon im Kleinkindalter, spätestens aber im Grundschulalter oder in der Pubertät typische Primordialsymptome: sie sind nörgelnd anspruchsvoll und unzufrieden, sie wollen immer mehr und anderes, sie mögen sich nicht anstrengen, sie haben keine Geduld bei den Schularbeiten. Sie sind träge, passiv, dabei aber oft unangemessen aggressiv und undankbar. Viele sind dennoch von einer motorischen Unruhe, die es ihnen zusätzlich erschwert, Schulerfolge zu haben. Das Leben mit solchen Kindern wird oft extrem schwer und vergällt allen Bezugspersonen das Leben, abgesehen davon, daß die Schwierigkeiten mit dem Lebensalter oft nicht ab-, sondern zunehmen. Nöte dieser Art steigen heute stark an, und niemandem ist die Schuld dafür anzulasten, weil die Ursachen zu wenig bekannt waren. Auch heute steht es wissenschaftlich noch nicht einwandfrei fest, ob und in welchen Prozentzahlen es bei den Frühgeborenen die sekundären Folgen ihres schwierigen Lebensstarts, nämlich die unnatürliche Fütterung war, die ihre Neigung zu Verhaltensstörungen im Kindesalter, zu Depressionen und Verweigerungssucht im Jugend- und Erwachsenenalter heraufbeschwor. Die so verschiedenen Erfahrungen der Zwillingspaarmütter und manche weitere Praxiserfahrung ähnlicher Art lassen aber die Vermutung zu, daß selbst bei dem Risikofaktor Frühgeburt durch sofortige Prophylaxe und Therapie, wie es die Franziska-Mutter vollzog, etwas zur Vermeidung von neurotischen Fehlentwicklungen getan werden kann.

Die Therapie der zwölfjährigen Monika wird Jahre dauern. Sie setzt die konstante, verläßliche, allmählich umwandelnde Begleitung durch eine sachkundige, immer einsatzbereite Fachkraft voraus. Sie bedeutet Bewußtmachen der irrealen Ängste und Fehleinstellungen, bedeutet ein langsames Ersetzen der negativen Erfahrungen mit der Hauptbezugsperson in positive Erfahrungen. Das erfordert einen Zeitaufwand, der überhaupt nur in den seltensten Fällen wirklich geleistet werden kann. Wie der Fall Franziska und viele ähnliche Berichte und Erfahrungen der Praxis zeigen, könnte so ein Schicksal durch eine Unterweisung der Mütter von Brutkastenkindern vermieden werden. Es müßte ihnen deutlich gemacht werden, daß ihre Kinder viel mehr Kontakt brauchen als termingerecht Geborene und daß der intensivste Kontakt zwischen Mutter und Kind immer noch am besten und angemessensten mit Hilfe der Brustnahrung hergestellt wird. Es wäre von unermeßlicher Wichtigkeit, daß dergleichen Wissen den Gynäkologen, Kinder- und Hausärzten, den Mütterberatern, Hebammen und Säuglingsschwestern bekannt wäre, damit sie die Mütter von Frühgeborenen mit Nachdruck beraten können. Denn es ist heute leichter denn je, die Stillfähigkeit der Mütter zu erhalten, bis die Kinder den Brutkasten verlassen haben, da es vorzüglich funktionierende, einfach zu handhabende elektrische Milchpumpen im Handel gibt, die allerorts auch von orthopädischen Geschäften verliehen werden. Bevor man aber die Mütter von Frühgeborenen zu einem solchen zeitraubenden Totaleinsatz bringt, wäre es nötig, Erfahrungen der eben beschriebenen Art durch mehr Fakten zu erhärten.

Erfahrungen mit Brutkastenkindern gibt es erst seit zwanzig Jahren. Erst seit dieser Zeit werden die viel zu kleinen Kinder durch die Fortschritte der Kinderheilkunde am Leben erhalten. Unsere Mediziner sammeln im allgemeinen nur kurzfristige Erfahrungen mit diesen Säuglingen. Sie verlieren die Kinder aus den Augen, und es gibt keine Längsschnittuntersuchungen von Ärzten, die mit den ehemaligen Frühgeborenen nach zehn oder zwanzig Jahren Nachuntersuchungen angestellt haben und ihre psychische Entwicklung oder neurotische Charakterstruktur dabei im Auge gehabt hätten. Und selbst wenn sich ein Mediziner heute dergleichen vornähme, so lägen die Untersuchungen doch erst nach Jahrzehnten vor. Vielleicht aber wäre es möglich, durch bald erfolgende Ratschläge an die Mütter von Frühgeborenen schwerste Fehlentwicklungen in großer Zahl zu vermeiden. Deshalb ist in der Zeitschrift KOSMOS im Jahre 1975 ein Fragebogen erschienen, der an Eltern von Brutkastenkindern gerichtet war. Die vorläufigen Ergebnisse des Fragebogens, die durch weitere Untersuchungen erhärtet werden sollen, sehen wie folgt aus:

Die Eltern von 30 Brutkastenkindern füllten dankenswerterweise den Fragebogen aus und schickten ihn zurück. Es handelt sich dabei um elf Jungen und neunzehn Mädchen. Über zwölf Jahre alt waren zwölf Kinder, zwischen acht und zwölf Jahren acht Kinder, zwischen 3,5 und sieben Jahren zehn Kinder. Die durchschnittliche Klinikzeit nach der Geburt betrug zwei Monate. Ein Zwillingspaar blieb wegen eines zusätzlichen Infekts vier Monate in der Klinik, ein Heimkind bekam erst im Alter von sieben Monaten durch Adoption konstante Bezugspersonen. Das Durchschnittsgewicht lag bei der Geburt der Kinder zwischen 1800 und 2000 g, nur ein Kind mit einem Geburtsgewicht von 940 g lag extrem unter dem durchschnittlichen Gewicht der Frühgeborenen. Zwei Mädchenpaare waren eineiige Zwillinge. Die beiden zweieiigen Zwillingespaare bestanden aus einem Bubenpaar und einem Paar Mädchen – Junge.

Fast alle Mütter berichteten, daß ärztliche Untersuchungen keine hirnorganische Defekte festgestellt hätten; nur in drei Fällen sind bei neurologischen Untersuchungen minimale Abweichungen von der Norm gefunden worden. Nur in zwei Fällen, und zwar nicht bei denjenigen mit einer organischen Störung, wird von Trinkschwierigkeiten, großer Unruhe und vielem Schreien im Säuglingsalter der Kinder berichtet. 20 Kinder wurden niemals an der Brust angelegt, sondern bekamen die Nahrung – auch nach der Heimkehr aus der Klinik – durch Flaschenfütterung. Die zehn übrigen wurden nach der Entlassung aus der Klinik an der Brust gefüttert. Drei Kinder wurden ein halbes Jahr, eines viereinhalb Monate, zwei 3 Monate, zwei 2 Monate und zwei nur einige Wochen lang an der Brust versorgt.

Außer einem – dem Heimkind – hatten alle Kinder durchgängig die Mutter (und den Vater), eines zusätzlich eine Kinderschwester als konstante Bezugspersonen.

Alle Brutkastenkinder begannen ein wenig verspätet zu laufen – durchschnittlich zwischen dem 16. und 18. Lebensmonat, also noch im Bereich der Norm, deren Grenze bei 18 Monaten liegt. Zwei Kinder, die lange gestillt worden waren, liefen bereits kurz nach ihrem ersten Geburtstag. Nur ein Kind begann erst im Alter von 22 Monaten zu laufen.

Aus diesen Ergebnissen läßt sich der Schluß ziehen, daß schwerwiegende körperliche Behinderungen bei der Mehrzahl der frühgeborenen Brutkastenkinder nicht vorhanden waren und daß der durch die Frühgeburt hervorgerufene geringere Reifegrad bis zum Schulalter aufgeholt wurde. Das durchschnittliche Einschulungsalter dieser Brutkastenkinder beträgt 6,5 Jahre.

Ein unterschiedliches Bild ergibt sich allerdings bei der Frage nach den Schulschwierigkeiten. Von den 22 eingeschulten Kindern haben nach Angaben ihrer Mütter nur acht keinerlei Schwierigkeiten in der Schule. Sechs der Kinder ohne Schulnöte sind von ihren Müttern gestillt worden. Ein zehnjähriger Junge hat keine Schulschwierigkeiten, obgleich er niemals gestillt worden ist. Ohne jegliche Verhaltensstörungen und gleichzeitig ohne Schulschwierigkeiten sind zwei sechzehnjährige Mädchen, die nach zweieinhalbmonatiger Brutkastenzeit aus der Klinik entlassen und danach von ihrer Mutter gestillt worden waren. Diese Mädchen liefen bereits im Alter von 13 Monaten. Ein sechs-, ein fünf- und ein vierjähriges Mädchen – sie wurden nach dem Brutkastenaufenthalt gestillt – haben ebenfalls keine von den im Fragebogen angegebenen Auffälligkeiten aufzuweisen. Auch sie liefen bereits mit 13 Monaten. Insgesamt wiesen die gestillten Kinder also wesentlich weniger Schwierigkeiten auf. Ein Geschwisterpaar – beide gestillte Brutkastenkinder – zeigte nur leichte vorübergehende Schwierigkeiten in der Pubertät. Ein sechsjähriges, einst gestilltes Mädchen leidet lediglich an einer geringfügigen Allergie, ein Vierjähriger ist noch nicht sicher bettrein.

Unter den gestillten Kindern sind nur zwei – sie Siebzehnjährige mit der Hirnschädigung und ein Siebenjähriger mit Jactationen und Nägelbeißen –, die erheblich auffällig sind und gleichzeitig eine Legasthenie haben.

Zumindest läßt sich aus der kleinen Statistik ersehen, daß es einen positiven Einfluß auf die geistige Entwicklung und die seelische Gesunderhaltung der Risikokinder hat, wenn sie nach der Rückkehr aus der Klinik von stillfähigen Müttern in Empfang genommen werden.

Am eindrucksvollsten sind die Schilderungen der Eltern von den Zwillingen. Die Eltern aller vier Paare, die der eineiigen und die der zweieiigen, berichten von erheblichen charakterlichen Unterschieden ihrer Kinder. Dabei sind diejenigen mit dem größeren Geburtsgewicht und dem kurzfristigen Klinikaufenthalt die ausgeglicheneren und leichter erziehbaren. Bei einem eineiigen achtjährigen Mädchenpaar macht der gestillte Zwilling deutlich weniger Nöte und hat keine Schulschwierigkeiten – im Gegensatz zu seiner Schwester, die aufgrund eines größeren Untergewichts längere Zeit in der Klinik verblieb und später ein Flaschenkind wurde. Die Mutter von zwei eineiigen Zwillingsmädchen, von denen das eine drei Wochen, das andere sechs Wochen im Inkubator zugebracht hat, berichtet ebenfalls, daß das etwas gewichtigere Baby sich an die Brust gewöhnte, das zweite nach seiner Heimkehr aus der Klinik mit der Flasche ernährt werden mußte.

Die unterschiedliche Charakterentwicklung (bei gleicher Veranlagung!) beschreibt die Mutter der jetzt vierjährigen Zwillinge folgendermaßen: „F. legt ein vergleichsweise ichbezogenes, bockiges Verhalten an den Tag, lenkt gern die Aufmerksamkeit auf sich und möchte immer die Erste sein. Auch pädagogisch geschulten Außenstehenden fällt das auf, weil die Schwester U. sich so gut wie gar nicht ähnlich verhält. Sie ist ausgeglichener, freundlicher, spontaner und ruhiger." Der 31. Bericht wurde von einer Amerikanerin aus Illinois an den KOSMOS geschickt. Sie berichtet von einer vor 38 Jahren geborenen Tochter, die mit einem Geburtsgewicht von 2.400 g zu früh geboren und ohne Brutkasten mit großer Sorgfalt der Eltern, mit viel Zuwendung, häufiger Nahrungszufuhr, aber ohne Brusternährung durchgebracht wurde. Diese Mutter berichtet von einer unauffälligen Entwicklung zu einem seelisch stabilen und erfolgreichen Leben der Tochter. Sie schreibt: „Wenn man heute miterlebt, unter welch großem technischem Aufwand in Amerika ein Kind ‚normal' zur Welt kommt, muß man bereits an der gesunden geistigen Entwicklung auch der durchschnittlichen Sechspfundbabys Zweifel bekommen."

Diese vorläufigen Ergebnisse sollten unser Augenmerk darauf richten, mehr zu tun, um das Risiko der Frühgeburt auszugleichen. Das darf aber nicht zu dem falschen Schluß führen, daß der Inkubator ein schädigendes Instrument ist. Kinder, die früher gestorben wären, werden durch ihn zur Lebensfähigkeit gebracht. Freilich dürfen wir uns mit diesem Fortschritt der Medizin nicht bequem zur Ruhe setzen. Die Mütter von Inkubatorkindern brauchen ermutigenden Rat, um ihre Stillfähigkeit erhalten zu können und den Kindern ausgleichend und nachholend das zu geben, was sie durch die zu frühe Geburt entbehren mußten.

Unser Leben muß anders werden!

Fehlhaltungen der Menschen in den hochzivilisierten Ländern
und ihre Folgen

In bezug auf unseren modernen Erziehungsnotstand geht es uns
Fachleuten ähnlich wie den Experten für Gewässerkunde: auch
sie konnten aufgrund ihrer speziellen Kenntnisse schon vor vielen Jahren voraussagen, daß wir einer gefährlichen Bedrohung
unserer Existenz entgegengehen würden, wenn wir weiter so
bedenkenlos mit der Natur umgehen. Auch ihnen ging es wie
uns: man hörte an, nahm Kenntnis, nahm aber eben die Sache
nicht ernst. Es ging so reibungslos, dieses Abführen der Abwässer in die Flüsse; es wären so viele kostspielige Maßnahmen
nötig gewesen, die nichts einbrachten, um hier zu ändern.
Ebenso war es auf dem Feld der Pädagogik: es hatte sich als
bequem, als zeit- und mühesparend erwiesen, unser Wöchnerinnen- und Flaschenkindersystem, es hatte so viele Vorteile
erbracht, die Mütter in die Industrie einspannen zu können,
diese fleißigen Fließbandarbeiterinnen, es schien der veränderten Lebensweise in einer Industriegesellschaft angemessen, die
Kinder „irgendwo" abzugeben. Aber erst jetzt, wo die bedrohenden Katastrophen sichtbar vor uns hintreten, wo die Flüsse
zu stinken beginnen und ihr verdorbenes Wasser als stickige
Brühe durch die Täler quälen, erst jetzt, wo sich bereits abzeichnet, daß Lebenskraft zu giftiger Gefahr wird, erst jetzt,
wo die Volksseuche neurotische Verwahrlosung immer mehr
Kinder und Jugendliche erfaßt und die Zahl der Raubkriminalität und Rauschgiftsucht von Jahrgang zu Jahrgang hochschnellt, erst jetzt, wo immer mehr Familien betroffen werden,
beginnt das bange, große, ehrlich besorgte Fragen: Was können, was müßten wir denn tun?
   Dieser Frage, die mir als Psychagogin in der letzten Zeit immer wieder gestellt worden ist, will ich hier nachgehen. Fragen
dieser Art können wir aber nur gerecht werden, wenn uns in
unserer Situation deutlich wird: es kann sich nicht um ein paar
Hebelgriffe, um ein paar Zauberworte, ein paar Alltagsrezepte

handeln. Eine Änderung auf dem einen wie auf dem anderen Feld unserer Nöte wird sich nur ergeben können, wenn wir erkennen, daß wir hier nicht in einigen speziellen Bereichen ein paar Fehlerchen machten, sondern wenn in uns die Einsicht wächst, daß es sich bei Flußverschmutzung und Kinderseelenverschmutzung, die gleichermaßen unsere Zukunft in Frage stellen, im Grund um Symptome einer gleichen Grundkrankheit handelt, einer Grundkrankheit, die wir an der Wurzel pakken müssen, wenn wir Aussicht haben wollen, zu genesen. Dies sind nur zwei deutlich sichtbar gewordene Geschwüre an dem kranken Körper Welt, es gibt zahllose ebenso schwerwiegende andere Anzeichen, die alle miteinander in Beziehung stehen und den gleichen Wurzelgrund haben: eine alarmierend gefährliche innere Erkrankung des Menschen. Es muß uns deutlich werden, daß sie eine Folge der Überschätzung des Menschen und seiner Kräfte ist, daß wir einer Radikalkur bedürfen, um uns von diesem Übel zu befreien.

Es muß uns zunächst einmal klar sein: Tüchtigkeit hat uns in diese Not gebracht. Erfindungsgeist, Helfergeist, Befreiungsgeist von all unseren elementaren Abhängigkeiten: nicht zu frieren, uns gut zu nähren, uns gesund zu halten, uns dieses harte Leben leichter zu machen, es vielen, nach Möglichkeit *allen* leichter zu machen, hat uns in diesen rasanten Fortschritt getrieben. Zähne, kluge, fleißige Männer der Wissenschaft, der Technik, der Wirtschaft und der Politik haben uns dieses moderne Schlaraffenland beschert. Das ist sicher nicht einmal schlecht. Aber unsere Not ist nicht eine Folge der Gegebenheit, daß der Mensch sich die Erde untertan machte, sondern daß er sie sich in den letzten hundert Jahren in leichtfertiger, selbstherrlicher, machtanmaßender und überheblicher Weise untertan gemacht hat. Die Männer, die in den letzten hundert Jahren unsere Geschichte, unsere Naturwissenschaft, Technik und Politik machten, überschätzten harmlos sich selbst und vernachlässigten in selbstmörderischem Leichtsinn das Fragen nach den Folgen. Und die Menschen unserer Zeit, die die neuen Erfindungen (vom Auto bis zum Fernsehapparat, vom Säuglingsmilchpulver über die „Pille" bis zum schlankmachenden Darmverkürzen) grundlegend zu einem totalen Novum der Lebensweise veränderten, taten das ebenso bedenkenlos, ihren wissenschaftlichen Verordnern blind vertrauend, begeistert hörig, weil mit allen neuen Segnungen Lebenserleichterung, Lebenssteigerung oder Lebensverlängerung verbunden war. Mit einer fürchterlichen Logik der Dinge stehen wir jetzt vor den Folgen einer Fehlschaltung, die bewirkte, daß unser „Zug" mit der Beschleunigung eines steuer- und bremslosen Fahrzeugs auf abschüssiger Bahn dahinschießt. Können wir noch etwas tun?

Nun, die Geistesgeschichte des Menschen kann uns belegen, daß dieser eben gebrauchte Vergleich nur bedingt zutrifft. Ja, es gab und gibt diese Schnellzüge in den Untergang, die – physikalischen Gesetzen analog – in Teufelskreise des Verderbens stürzen. Es gab und gibt in der Geistesgeschichte des Menschen aber auch dieses: geistige Umkehr, Einsicht in die Fehler. Aber das hat seine Voraussetzungen, nämlich das radikale Umstellen derer, die aufgewacht sind, die sehen und hören, was vor sich geht. Jeder ist zu dieser Umstellung aufgerufen, jeder kann hier wirken und einwirken – jetzt, sofort, ohne Umschweife und ohne die lähmende Entschuldigung, erst müsse die Gesellschaft geändert werden; diese so grundsätzlich falsch gepolten Handlungsabläufe könnten nur durch institutionell organisierte Maßnahmen bewältigt werden. Ja, sicher, wir sollten dergleichen anstreben, uns aber mit solchen Entschuldigungen nicht zu drücken suchen. Auf jeden einzelnen von uns kommt es an, auf die Klarheit, die realistische Furcht, auf die Bereitschaft vieler, die sich verantwortlich fühlen. Umwandlung zum Bösen oder zum Guten geht in unserer Welt grundsätzlich von der geistigen Kraft, der geistigen Entschlossenheit einzelner aus, und erst sekundär entsteht Wirkung bei den vielen.

Ich möchte Ihnen ein besonders typisches Beispiel aus meiner Praxis bringen, das hier für viele stehen soll:

Die Mutter ist Direktrice in einer Kleiderfabrik, der Vater ist Handelsvertreter – ein aufgeschlossenes Ehepaar, lebhaft, freundlich, liberal. Aber ihre Situation ist bedrückend: sie nehmen an einer Gerichtsverhandlung gegen ihren fünfzehnjährigen Sohn teil. Diesmal wird er um eine Gefängnisstrafe wohl nicht herumkommen. Er hat gestohlen, ist den Behörden bereits zum dritten Mal aufgefallen. Zuerst hat er aus einem Selbstbedienungsladen eine Flasche Cola mitgehen lassen, beim zweiten Mal ist man zu dritt durch ein offenes Fenster in ein Vereinshaus eingestiegen und hat dort die Vorräte an Getränken und Tabakwaren ausgeräumt, beim dritten Mal ist er bei einem Kioskeinbruch erwischt worden. Warum stiehlt der Junge? Ist er dumm, hat er einen hirnorganischen Defekt, lebt er in Armut und Elend? Nein, nichts dergleichen. Die psychologische Untersuchung bescheinigt sogar eine gut durchschnittliche Intelligenz, seine Umwelt ist wohlgepflegt, die Eltern verdienen gut und geben dem Jungen reichlich Taschengeld. Sie wohnen in einer kleinen Stadt ohne Industrie in einer ruhigen Straße, in einer geräumigen, schön eingerichteten Wohnung. Warum also stiehlt Peter?

Wenn der Mensch vor rätselhaften Fragen steht, die zu beantworten ihm nicht gelingt, so neigt er dazu, beschönigende Theorien zu entwerfen. Sie werden heute über das Phänomen: stehlende Kinder und Jugendliche in bunt schillernder Vielfalt erstellt. Man sagt: der Junge wird durch die Selbstbedienungsläden verführt, die bösen Kaufhauskönige sind schuld, sie reizen ja das arme unschuldige Kind mit ihrem so offen ausgebreiteten Geglitzer. Man sagt: das ist nur eine Übergangserscheinung, eine Folge der Protesthaltung im Jugendalter. Jedes Kind stiehlt eben irgendwann einmal und wird dann doch ein fabelhaft angepaßter Erwachsener. Besonders die Mütter sagen: Ach, es lag nur an den bösen Kameraden. Wenn er den Umgang mit X und Y aufgäbe, dann wäre er wieder der untadeligste Junge von der Welt.

Und doch entsprechen diese Theorien nur in den allerseltensten Fällen der Wahrheit. Bei genauerem Hinsehen zeigt sich meistens: die Kinder mopsten längst – zunächst zu Hause –, bevor sie überhaupt allein durch Selbstbedienungsläden marschierten. Im Alter von sechs, sieben Jahren trat die Stehlsucht, zunächst im Alleingang, in Erscheinung. Und darüber hinaus zeigt sich, daß die Kinder regelmäßig viele andere Schwierigkeiten haben, die längst vor dem Jugendalter einsetzten: Sie waren von Anfang an faul in der Schule und versagten dort trotz guter Gaben, die meisten sind zu Hause aufsässig, voller Patzigkeit oder schmollender Widersetzlichkeit, und zwar schon von klein an.

Wenn die Eltern in ihren Überlegungen so weit kommen, daß sie sich das eingestehen, geraten sie meist in noch weniger zutreffende Ursachentheorien; denn nun bleibt nichts weiter übrig, als die Ursachen in den schlechten Erbanlagen zu suchen, und da läßt sich – ganz gewiß in der Familie des Ehepartners, weniger in der eigenen – ein Haar in der Suppe finden. „Das hat er von Deinem Bruder Manfred, der ist auch so ein ekelhafter Mensch!", so pflegen sich die ratlosen Eltern in Angst und kränkender Abwehr gegenseitig zu beschuldigen. Aber auf diese Weise bessert sich leider nichts – im Gegenteil: die gegenseitigen Vorwürfe zermürben nun auch noch die eheliche Partnerschaftsbeziehung und kränkeln sie an.

Ohne jede positive Wirkung ist es, wenn das ratlose Ehepaar sich nun daran macht, die von Onkel Manfred ererbten bösen Eigenschaften herauszuprügeln, oder wenn sie nun endlich dem Rat der Großeltern nachgeben, die schon immer behaupteten, der Junge brauche nur harte Strafen, Stubenarrest, die Pferdepeitsche und dergleichen, um auf den rechten Weg gebracht zu werden. Hundertfältig kann ich aus meiner Praxiserfahrung sagen: Es wird auf diese Weise alles nur noch schlimmer und endet gar nicht selten damit, daß der Jugendliche die Tür zum Elternhaus zuschlägt und in den „Untergrund" geht.

Wenn man die wahren Ursachen herausfinden, wenn man wirklich noch bessern und heilen will, muß man sich sehr genau und ohne Beschönigungen mit der Lebensweise der Mütter und Väter beschäftigen. Diese Lebensweise ist in den meisten Fällen rechtschaffen: Vater ist ein pflichtbewußter Mann, der seine Familie vorschriftsmäßig versorgt, Mutter ist eine patente, organisationstüchtige Frau, der wohl bewußt ist, daß auch sie ein Recht hat, das Leben zu genießen. Beide sind großzügig, sie gönnen ihren Kindern alles, geben ihnen reichlich Taschengeld und viel Freiheit. Diese Eltern sind eigentlich ganz unschuldig an den Schwierigkeiten ihrer Söhne und Töchter. Sie taten genau das, was „man" ihnen als richtig bezeichnete. Der Gynäkologe sagte der Mutter, besser sei es, das Kind in einer Klinik zur Welt zu bringen, die Hebamme sagte, unnötig sei es, das Kind zu stillen. Eine Flaschenmahlzeit dauert nur fünf Minuten, eine Stillmahlzeit mindestens zwanzig Minuten. Wieviel einfacher, wieviel bequemer ist also die Flaschennahrung. Der Hausarzt sagte der Mutter, daß sie nach den Anstrengungen der Geburt in den ersten Lebenswochen des Kindes dringend eine Urlaubsreise brauche (das Kind gab man solange in ein hygienisch tipptoppes Babyhotel), der Kinderarzt sagte, daß sie das Kind nachts nicht aufnehmen solle, dann würde es sich rasch abgewöhnen zu schreien und ein artiger Säugling werden. (Und er hatte recht!) Der Chef schlug dem Vater vor, seine Frau als freie Mitarbeiterin in die Firma einsteigen zu lassen, um rascher und effektiver auf den Geschäftsreisen arbeiten zu können. (Das Kind kam derweil in eine Tagespflegestelle.) Nachdem man das eine Weile praktiziert hatte, rief eines Tages der ehemalige Chef der Mutter an und bot ihr eine Bombenstellung als Direktrice an. Und der Junge? Er kam in die gut eingerichtete neue Betriebskinderkrippe. Ja, doch, man kümmerte sich großartig um ihn. Als Siebenjähriger hatte Peter ein Transistorradio, einen kleinen tragbaren Farbfernseher im eigenen Zimmer, Apparate, die er gern benutzte, er war im Schwimmverein (ging aber selten dorthin) und hatte immer eine Kiste Cola zum Eigenverbrauch in seinem Zimmer; das alles aber half nicht, ihn davon abzuhalten, als Dreizehnjähriger täglich eine Schachtel Zigaretten zu konsumieren, ab vierzehn mit Kumpeln in Diskotheken bis in die Nacht hinein Haschisch zu rauchen und auch mehr und mehr auf Alkohol umzusteigen. Dieses ganze herrliche freie Leben des Jungen bei verständnisvollen Eltern reichte nicht aus, der Fehlentwicklung zu entrinnen. Warum aber, warum?

Weil all die vielen Akteure im Lebensschicksal dieses Kindes nicht wußten, daß auf diese Weise von Anfang an seine wesentlichen Lebensbedürfnisse nicht befriedigt wurden, daß es auf diese Weise verwöhnt und dennoch zu einem seelisch Verhungerten wurde, dessen unbewußte Habgier nach dem Eigentlichen, dem Richtigen so groß wurde, daß daraus ein Stehldrang resultierte, das Anzeichen eines bewußten Aufbäumens der Seele gegen ein ihrem Wachstum unbekömmliches Leben.

Warum stehlen Kinder? Wenn ich die psychologischen Untersuchungen, die ich mit kleinen Dieben in meiner Praxis vornahm, an mir vorüberziehen lasse, so taucht eine Fülle verschiedenster Motive als weites Spektrum von Einzelsituationen und Einzelschicksalen vor mir auf. Aus der Menge der unterschiedlichsten Ursachenbündel läßt sich aber doch so etwas wie ein möglicher Hauptnenner herauskristallisieren. Er heißt: Kinder stehlen, weil ihnen irgend etwas ganz dringend, ganz existentiell Notwendiges fehlt. In den ersten Jahren meiner Berufstätigkeit wurden gelegentlich noch Gegenstände gestohlen, weil sie zur Lebenserhaltung dringlich waren und in der Umwelt der Kinder eben nicht ausreichend existierten: Holz und Briketts zum Heizen, Kartoffeln und Rüben zum Essen, Hosen und Jacken zum Anziehen, Geld, um sich dergleichen zu kaufen. Solche Diebstähle aus direkter, existentieller Not sind aber in der BRD immer seltener geworden. Ganz gelegentlich kommt es in vereinzelt noch vorhandenen kinderreichen Familien allerdings vor, daß die Kinder tatsächlich nichts zu beißen haben und deshalb auf Diebestour gehen. In diesen Fällen ist der Haushaltsvorstand meist ein Alkoholiker. Gelegentlich wird ein Jugendlicher aber auch zum diebischen Übergriff getrieben, weil er, in einer kargen Situation lebend, den Glitzerstatus seiner Kameraden, Nachbarn und Verwandten nicht ertragen kann. Menschen, die aus echter materieller Not stehlen, machen aber keineswegs den Hauptanteil unserer Kinderdiebstähle aus.

Meist liegt die eigentliche Bedürftigkeit stehlender Kinder der Wohlstandsgesellschaft wie bei Peter *nicht* offen zutage. Die Bedürftigkeit ist verdeckt, sie ist an den gestohlenen Gegenständen nicht sicher ablesbar, und erst hierdurch wird der Kinderdiebstahl zu einem eigentlich *psychologischen* Problem.

Fragt man die Kinder selbst, warum sie denn stehlen, kommt man an die eigentlichen Ursachen nur sehr schwer oder überhaupt nicht heran. Sie können nur oberflächlich Antwort geben, ihnen ist das eigentliche emotionale Bedürfnis genauso unbekannt, wie dem fragenden Erwachsenen. Deshalb kommen wir mit Kinderantworten: „Ich wollte das eben haben" oder „Ich hatte Hunger, ich brauchte das Spiel, das Auto, die Batterie, die Schallplatte" nicht weiter. Daß diese Antworten die eigentliche Bedürftigkeit nicht wirklich berühren, zeigt sich auch in der Tatsache, daß die Neigung zum Diebstahl nicht etwa nachläßt, wenn man die Kinder nun mit solchen Gegenständen, die sie gestohlen haben, in überreichlichem Maße versorgt. Die Teufelskreise der Stehlsucht lassen sich erst durchbrechen, wenn man die tiefen Ursachen miterfaßt und zu beheben sucht. Die Ursachenforschung nach den eigentlichen Motiven wird vor allem dadurch sehr erschwert, daß der symbolische Diebstahl nicht etwa immer nur eine verdeckte, emotionale Bedürftigkeit der Gegenwart anzeigt, sondern weil der verursachende Mangel häufig schon Jahre, oft mehr als ein Jahrzehnt zurückliegt. In der Seele des Kindes besteht gewissermaßen unterschwellig ein unausgefülltes Defizit, das jene dranghafte Bedürfnisspannung zum Stehlen hervorgerufen hat. Diese Kinder beginnen schon sehr früh zu mopsen. Belehrung, Drohung und Strafe helfen wenig, eher nimmt dadurch die Diebstahlsneigung zu. Darüber hinaus haben die Kinder viele andere Schwierigkeiten: Oft sind sie passiv in der Schule, nässen nachts noch ein oder zeigen Ersatzsymptome. Besonders eindrucksvoll kann man die Wurzeln des Leidens bei manchen von liebevollen Eltern gepflegten Adoptivkinder erkennen. So klagte mir kürzlich ein Elternpaar dreier Adoptivkinder sein Leid. Die beiden Jüngeren, zehn und zwölf Jahre alt, stahlen. Bereits als Grundschulkinder hatten sie damit begonnen. Der ältere, vierzehn Jahre alte Adoptivsohn hingegen hatte diese Schwierigkeiten nicht. Und nun ergab sich das eindrucksvolle Faktum: das älteste Kind war bereits unmittelbar nach seiner Geburt zu den Ersatzeltern gekommen, während die beiden anderen Kinder erst nach abenteuerlichen Frühschicksalen des Umhergeschobenwerdens und der Heimerziehung dorthin kamen. Erst im Alter von drei bzw. vier Jahren hatten sie das Glück gehabt, eine feste Heimat und beständige Betreuer zu bekommen. Aus der Zeit der ihnen unangemessenen und unzureichenden Versorgung erwarben sie die Grundstimmung: irgend etwas ist nicht richtig, ich bin irgendwie nicht zufrieden, ich muß mir besorgen, was mich zufrieden macht.

Frühkindliche Grundstimmungen kleben wie Pech. Jahrelange gegenteilige Erfahrungen, wie der unermüdliche Einsatz liebevoller Menschen schwächen nur ganz allmählich die innere Empfindung, einen Mangel zu haben, ab. Und nur allzu leicht sind gerade solche Menschen bereit, ihre Mangelgestimmtheit durch die Erfahrung eines neuen realen Mangelerlebnisses bestätigt zu finden und geradezu aufzuputschen. Deshalb sind Kinder mit dem Grundgefühl arm, unwert und hohl zu sein, auch durch zusätzliche Frustrationen viel leichter zu entmutigen; deshalb sind solche Kinder bei eigener Unempfindlichkeit gegen Verletzungen, die sie anderen zufügen, so empfindlich gegenüber Strafen und Herabsetzungen, die ihnen zugefügt werden. Diffamierungen potenzieren das Defizit. So bahnen sich auf dem Boden des in der frühesten Kindheit erworbenen seelischen Mangels durch geringste negative Erfahrungen weitere Fehlentwicklungen an. Dies konnte auch Gareis (1974) in einer umfänglichen Untersuchung Jugendlicher der Strafanstalt Ebrach nachweisen: Der Faktor „Mutterferne" in den ersten drei Lebensjahren gefährdete die Jugendlichen 7,5mal mehr, kriminell zu werden, als andere Gründe (B. Gareis, E. Wisnet: Frühkindheit und Jugendkriminalität, Berlin 1974).

Aber nicht nur aufgrund solcher Erfahrungen habe ich als Psychagogin so viel Respekt vor den langfristigen Nachwirkungen frühkindlicher Schicksale bekommen. Darüber hinaus er-

werben 55% der jugendlichen Diebe in der ersten Lebenszeit
eine sogenannte orale Schädigung, und deshalb wünschten sich
48% der wegen Diebstahls in Ebrach inhaftierten Jugendlichen
erstaunlicherweise „orale Berufe", d. h., sie strebten den Beruf
des Bäckers, Kellners oder Kochs an. In den letzten Jahren
konnte ich in meiner Praxis noch größere Häufigkeiten feststellen. Mein Hinweis auf diesen Zusammenhang an die Untersucher von Ebrach wurde durch sie bestätigt. Das Vorherrschen
von Gedanken und Wünschen um die Nahrungsaufnahme, ja
ganz generell um die Sphäre des Mundes (häufig zeigt sich der
schon früh in Ersatzbefriedigungen wie Nägelkauen, Lippenlek-
ken, Kaugummikauen, Zigarettenabusus und einem enormen
Trinkbedürfnis) ist in vielen Fällen ein Hinweis dafür, daß frühe
Mangelerlebnisse aus der sogenannten oralen Phase der Säuglingszeit noch als gierige Bedürfnisspannungen wirksam sind
und daß das dumpfe Drängen nach Absättigung des Defizits
bestimmend geblieben ist. Dabei zeichnet sich ab, daß nicht allein Liebesentzug, Mutterverlust oder langes Schreienmüssen
solche Grundstimmungen hervorrufen, sondern auch die Miß-
achtung des natürlichen Rechts des Kindes auf eine mindestens
hundert Minuten während Lutsch- und Saugphase pro Tag in
der ersten Lebenszeit. Dies wird aber in unseren modernen
Säuglingspflegevorschriften keineswegs mehr für nötig erachtet. Wir wissen seit Freud, daß das Saugbedürfnis am Beginn
des Lebens von zwingender, allerwichtigster Dominanz ist.
Freuds Hinweis auf die Oralität in der ersten Lebenszeit und
die Bedeutsamkeit von Befriedigungserlebnissen auf diesem
Sektor bezüglich der späteren Charakterentwicklung, d. h. hin-
sichtlich Stabilität oder neurotisch-depressiv habgieriger Labilität wurde bereits von den Tiefenpsychologen des ersten Jahr-
hundertdrittels voll bestätigt und differenziert. Damit soll
keineswegs eine generelle Monokausalität von Kinderdieb-
stählen behauptet werden, sondern lediglich, daß diese Form
neurotischen Stehlens bei den Kindern der Wohlstandsgesell-
schaften viel häufiger vorkommt als aufgrund gegenwärtiger
existentieller Notlagen. Zwar ist es eine Teilwahrheit, die im
einzelnen auch einmal die ganze Wahrheit sein kann, daß ein
Kind durch den Reiz der dargebotenen Fülle in den Selbstbedienungsläden verführt werden kann oder daß es durch eine
„schlechte Gesellschaft" zum Dieb wurde. In vielen Fällen, in
denen dieser Tatbestand vorzuliegen schien, zeigte aber eine

gründliche Untersuchung, daß der exogenen Verführung eine gesteigerte endogene Bereitschaft entgegenkam. In den seltensten Fällen von Kinderdiebstahl „schafft" die Gelegenheit den Dieb, sondern sie läßt eine bis dahin schlummernde, oft nicht einmal bewußte Neigung, eine gierige Spannung, endlich satt zu werden, endlich genug zu haben, durch die Möglichkeit einer Diebestat Wirklichkeit werden. Denn auch Diebesbanden von Kindern setzen sich in den seltensten Fällen aus einem Akteur und einer Gruppe verführter Mitläufer zusammen, sondern die in gleicher Weise Anfechtbaren, in gleicher Weise Bedürftigen, die Seelenverwandten und in gleicher Weise Seelenhungrigen haben sich aufgrund dieser ihrer Gestimmtheit zusammengefunden.

Wir helfen den Bedürftigen aber nicht, wenn wir ihnen eine Ideologie der Ungerechtigkeit als Scheinmotivation zur Rechtfertigung um den Hals hängen. Sie werden sie zwar in rascher Überzeugtheit annehmen, denn endlich glauben sie nicht nur zu wissen, warum dieses Bedürfnis sie quält, sondern sie glauben nun auch noch, daß sie recht haben, ja daß sie, die illegalen Enteigner, auf diese Weise eine Gesellschaft schaffen können, in der alle alles haben und sie selbst frei werden können von der bohrenden Leere, die durch das Gefühl entsteht, ein Habenichts zu sein. Stehlende leistungsschwache Millionärskinder unserer Wohlstandsgesellschaft können uns lehren, daß der innere Friede viel, aber bei weitem nicht alles mit einer äußerlich notlosen Situation zu tun hat. Viele Kinder heute sind trotz des Wohlstandes, in dem sie leben, unruhige, gierig-gespannte, sehr leicht verführbare Mängelwesen. Aber niemand ist direkt schuld – nicht der einzelne Arzt, der von den biologisch notwendigen Lebensbedürfnissen der Kinder nichts auf den Universitäten zu hören bekommt; auch die Lehrer sind nicht schuld, die mit mehr oder weniger geschickten, aus Verzweiflung geborenen und unerprobten Methoden das schon geistig so müde Kind doch noch zu schulischen Leistungen zu bringen hoffen. Auch die Großeltern sind nicht schuld, die nicht erkennen, daß es nicht die selten notwendig werdenden Prügel waren, die ihre Kinder zu geraden Menschen werden ließen, sondern ihr seelisch viel näheres Zusammenleben mit den Kindern! Die Seele und der Geist des Menschen werden stumpf und leer, wenn sie mit Dingen gefüttert werden anstatt mit Seele. Der Mensch lebt nicht vom Brot allein, Brot und Geld sind in der

Wertordnung sogar erst das Zweitwichtigste. Institutionen, Apparaturen, Operationen, Organisationen sind, auch wenn sie noch so fabelhaft funktionieren, für die Aufzucht des Menschen nicht ausreichend; der Mensch braucht mehr – er braucht den nahen Menschen, wenn er zum Menschen werden soll. Er braucht darüber hinaus von früh an die Herausforderung zur Leistung. Tischfertigkeit von der Nahrung bis zum Spielzeug ist ihm unbekömmlich. Der Mensch wird schon als Säugling nur wirklich zufrieden, wenn man ihm die Möglichkeit gibt, sich durch Tätigkeit, durch Arbeit zufrieden zu machen. Er braucht nicht die vielen, hektischen, unruhigen, lärmenden Wesen, die sich wie die Kreisel um sich selbst drehen, er braucht nur *sehr* wenige, die in Behutsamkeit für ihn offen sind, ohne unentwegt etwas mit ihm machen zu wollen. Ja, es gibt ganz klare Gesetzmäßigkeiten, Vorschriften für die Art Mensch, wenn seine Seele auf dem Weg durch die Kindheit nicht Schaden nehmen oder gar verkümmern soll. Daß so viele Kinder heute Schaden nehmen, liegt vor allem an der allgemeinen Unwissenheit über die Gefahr der Verwöhnung und daran, daß uns von sogenannter kompetenter Seite falsche Vorstellungen vermittelt werden, die abermals auf Unwissenheit beruhen. Sie bewirken, daß Familienväter und Familienmütter unschuldig und mit gutem Gewissen ihr Konto überziehen: daß für sie die Beaufsichtigung ihrer Kinder zu einem gut organisierten Programm wird, das dem Kind nicht bekommt. Mancher mag das in einer nachdenklichen Stunde einmal in dieser Weise empfinden und den Impuls zur Umkehr haben. Aber er wird rasch wieder gebremst, daß die Gegenargumente wie ein Trommelfeuer auf ihn einstürmen. Was wird nicht alles als böse, hinterwäldlerisch und überholt verteufelt, das sich in bezug auf die Kindererziehung sehr bewährt hatte: eine Frau ohne Beruf ist eine bedauernswerte „Nur-Hausfrau“, eine Familie, die ein betontes Eigenleben führt, ist eine „isolierte Kleinfamilie“, Eltern, die ihre Kinder nicht in einer Vorschulinstitution abgeben, vermitteln ihnen keine Chancengleichheit. Wer kein viertüriges Auto hat und keine Urlaubserfahrung im Ausland besitzt, kann nicht mitreden im Freundeskreis und wird mitleidig belächelt. Eine Frau, die ihr „Lebensrecht“ nicht gegen die Bedürfnisse ihrer Kinder in Anspruch nimmt, ist eine Hinterwäldlerin – ihr ist nicht mehr zu helfen, usw., usw. Am gefährlichsten ist die Argumentation, daß auch seelische Erkrankungen entstehen, wenn Kinder von ihren Eltern überbehütet werden. Gewiß, die Extreme berühren sich, aber eine Übertreibung in entgegengesetzter Richtung ist kein Beweis dagegen, sondern einer dafür, daß der Weisheit letzter Schluß in der Mitte liegt. Dieser unser Zeitgeist, der das Geldverdienen, den Wohlstand und die Verwöhnung zum Gott ernannt hat, der den Müttern ein Recht auf sich selbst vorgaukelt, das sie nicht haben, solange ihre Kinder hilflos sind, der die auf diese Weise unruhig und orientierungslos gewordenen Kinder als Jugendliche einfängt und in den Sexualzwang, in die Genußsucht und in klischeehafte Utopien vom Schlaraffenland der Zukunft zwingt, bringt eine immer mehr anwachsende Zahl von Familien in große innere Nöte, bringt sie um ihr Glück, ihren Frieden und die Freude über die Früchte des mühseligen Kinderaufziehens. Diesen Zeitgeist müssen wir an den Pranger stellen und ihm den Garaus machen, um zu verhindern, daß immer mehr Unglück entsteht!

Dazu gehört gesunder Menschenverstand und Mut zum Widerstand, keineswegs Mitzulaufen in einem Strom, der uns ins Unglück führt.

Diese eben dargelegten Vorstellungen beruhen nicht auf einer ausgedachten Meinung: als Therapeutin, die sich mit der Heilung von verhaltensgestörten Kindern und Jugendlichen beschäftigt, habe ich dafür Beweise in der Hand; denn diese Kinder werden nur wieder heil, wenn wir uns – oft über mehrere Stunden in der Woche und über Jahre – nur allein mit einem von ihnen beschäftigen, für sie wach sind, auf sie hinhören, nicht etwas mit ihnen „machen", sondern für sie da sind und sie gegen die Trägheit und Einfallslosigkeit ihrer übersättigten Verwöhntheit in kleinen Schritten wieder Freude an der Arbeit lehren.

Es ist Zeit, daß wir aus diesen Erkenntnissen lernen und unsere Einstellung ändern. Wir müssen in bezug auf dieses unser Problem einsehen, daß wir uns mit aller Kraft gegen die Verwöhnung stemmen müssen.

Wir sollten darüber hinaus mit Hilfe der Anstrengung jedes einzelnen versuchen, unsere jetzt ins materialistische Fahrwasser geratene, egozentrische, bequeme Einstellung zu ändern. Dann ist es nämlich zu schaffen, den Jugendlichen nach einer Sturm- und Drangzeit wieder Boden unter die Füße zu geben, wenn wir die Tore zu ihnen nur nicht zugeschlagen haben, wenn wir es nicht versäumt haben, durch die Kindheit hindurch für sie offen zu sein, ihnen ihre Fragen zu beantworten, auf sie und ihr Sein hinzuhören und nicht nur darauf zu achten, ob sie einen gewaschenen Hals haben.

Wir züchten sonst statt Leistungsfähigkeit Anspruchshaltungen. Mit Riesenansprüchen an den versorgenden Staat und der weitgehenden Befriedigung dieser Ansprüche machen wir aus dem Menschen aber ein Schlaraffenlandprodukt. Wir machen ihn unglücklich und träge, wir machen ihn zu einem Unzufriedenen, der das ganze Schlaraffenland eines Tages deshalb abschaffen will – und damit leider auch die mühsam aufgebaute Versorgung der Alten und der Nichtarbeitsfähigen.

Was für eine tragische und unvorhergesehene Konsequenz – gerade für die so menschenfreundlich gesinnten Sozialreformer! Wie unverständlich undankbar erweist sich ihnen der Mensch mit seinen anspruchsvolleren Forderungen; denn was ist seit Kriegsende in dieser Hinsicht nicht alles geleistet worden! Die Unzufriedenheit der Verwöhnten aber zeigt, daß der Mensch eine Reihe von guten Tagen nur sehr schlecht verträgt, daß er der Herausforderung, ja der Entbehrung bedarf, die er mit eigener Kraft zu überwinden versuchen muß. Deshalb kann unsere Gesellschaft nur besser werden, wenn wir eine der Art Mensch gemäße Humanität entwickeln, und nicht wenn wir meinen, ohne Gegenleistungen zu erbringen, nur Forderungen stellen zu dürfen.

Vorbeugende Maßnahmen müßten bestehen: In der Diffamierung des Überflusses und des nachbarlichen Wettbewerbs um den höheren Lebensbedarf unter Bewußtmachung der Gefahr, daß die Kinder durch Verwöhnung seelisch erkranken. Nicht nur die Überfülle der Spielsachen, auch das stundenlange Hocken bereits der Kleinkinder vor dem Fernsehapparat trägt zur seelischen Erkrankung unserer Kinder bei. Das Fernsehen macht die Kinder keineswegs automatisch lernfähiger und schulfähiger, im Gegenteil: die Folgen sind häufig gelangweilte Interesselosigkeit. Man sollte versuchen, den Fernseher aus dem Familienmittelpunkt herauszunehmen und sollte nur selten, dann aber mit den Kindern zusammen, fernsehen. Man sollte die Kinder nicht undifferenziert eine Show nach der anderen konsumieren lassen, sondern das Fernsehen sollte zu einem besonderen Ereignis wenige Male in der Woche werden.

Zur idealen Erziehung der Zukunft gehört die Abschirmung des Kindes gegen Überreizung, Überhäufung und Verwöhnung mit vorgefertigtem Spiel- und Anschauungsmaterial, die Abschirmung gegen einseitige Intellektualisierung, gehört das aufmerksame und zugleich freilassende Hineingeleiten in die Welt durch seine Erzieher.

Der Hauptakzent verantwortungsbewußter Erziehung heute muß auf einer Abweisung der Dinge beruhen, die das seelische Leben zu ersticken und zu verstümmeln drohen. Zu denen gehört vor allem auch eine übertriebene, unüberlegte oder auch eilfertig verwöhnende Wunscherfüllung. Die Kinder des Grundschulalters müssen auf ihre von den Kameraden abgeguckten Wünsche nach Schleckergroschen, neuen Anoraks und modischen Stiefeln, nach Comics und Kinogeld die stereotype Antwort bekommen: „Du weißt doch, Kinder, die immer gleich alles bekommen, können sich schließlich über nichts mehr freuen, nicht auf Weihnachten, nicht auf den Geburtstag; sie werden immer trauriger und langweilen sich dauernd. Weil wir Dich liebhaben, kaufen wir uns nur dann etwas, wenn es für uns ganz nötig geworden ist, denn ich möchte doch, daß Du ein großer, starker Mensch wirst, nicht einer, der schlecht gelaunt herumschreien muß wie ein Baby im Kinderwagen." Kinder begreifen diese Maxime sehr rasch und können sich vom modischen Sog absetzen, freilich nur unter der Voraussetzung, daß sie Eltern haben, die sie durch den Einsatz ihrer Zeit und ihrer Kraft geistig und seelisch zu nähren verstehen, statt sie aus berechtigten Schuldgefühlen mit Ersatzpräparaten abzuspeisen und zu verwöhnen.

Sehr häufig wird mir nach der Darstellung der lebensverstümmelnden Gefahren unserer Umwelt die Frage gestellt: Aber wir haben diese Dinge bisher doch nicht im Bewußtsein gehabt, ja zum Teil gar nicht haben können, weil man uns falsch informierte. Jetzt haben sich bereits viele Teufelskreise eingeschliffen: unser Vierzehnjähriger hascht, der Zwölfjährige stiehlt, die Neunjährige macht noch immer das Bett naß, alle drei sind frech und unordentlich – was können wir denn jetzt noch tun? – Dazu läßt sich sagen: Für unsere Umkehr ist es nie zu spät. Wir müssen sie nur mit großer Anstrengung und radikal langfristig gegen Ermüdung und Vergeblichkeit vollziehen.

Wir müssen überlegen, in welcher Weise wir unseren Kindern ein anderes, ihnen gemäßes, ihnen heilsames Familienleben bieten können. Es muß darüber nachgedacht werden, wie man es trotz der eingebahnten Überlastung zu sinnvollen Familienabenden oder Wochenenden bringt. Es muß versucht werden, umschichtig mit jeweils einem der Kinder und einem Erwachsenen die enge Zweisamkeit nachzuholen, die ihnen im Kleinkindalter zustand, und die, aus welchen Gründen auch immer, nicht hinreichend genug praktiziert werden konnte.

So müssen wir uns wehren gegen einen Zeitgeist, der uns krank macht. In dieser Hinsicht bekommt ein gefährlicher Slogan guten Sinn, wird zur Aufforderung, die uns angeht: Macht kaputt, was uns kaputt macht!

Die Verantwortung des Arztes
im Hinblick auf die frühe Kindheit

Vor siebzehn Jahren, 1958, schrieb ich in einem Aufsatz in der FAZ, daß eine Veränderung in der Lebensweise des Menschen der westlichen Welt eingesetzt habe, der Anlaß zur Sorge sei. Freiheit, Wohlstand, Emanzipation der Mütter von ihren Kindern, die bedenkenlose Veränderung der Lebensformen von Kleinkindern würden bei vielen von ihnen Verwöhnung und Vernachlässigung zur Folge haben, so daß man in fünfzehn bis zwanzig Jahren mit einer kollektiven Neurotisierung der jungen Generation rechnen müsse. Die neurotische Verwahrlosung mit einer Behinderung der Leistungsfähigkeit würde in den Jahrgängen ab 1955 in einem gefährlichen Ausmaß ansteigen. Das Schenkelklatschen als Reaktion auf diesen Aufsatz nahm kein Ende. Ein Akademiker antwortete in empörter Replik, daß dies einfach Nonsens sei. Psychosen und Neurosen hätten seit Adams Zeiten einen gleichen geringen Anteil der Population ausgemacht, und es gäbe keinen Anlaß zu der Annahme, daß die sieben fetten Jahre den Menschen mehr neurotisieren sollten, als die vergangenen sieben mageren. Einige schrieben mir, ich sei ein Unheilverkünder, der wohl seine eigenen paranoischen Ängste projiziere. Viele fragten bei der Redaktion belustigt an, warum man solchen durch nichts bewiesenen Unsinn überhaupt abgedruckt habe. Heute ist dieser ,,Unsinn" aufgrund seiner Prognostizierbarkeit bewiesen. Heute lacht auch keiner mehr, denn heute ist meine ganz eng gefaßte, auf ganz wenige Merkmale beschränkte Prognose nicht etwa nur hundertprozentig eingetroffen; um 728 Prozent stieg allein die Diebstahlsquote bei den Zehn- bis Vierzehnjährigen von 1955 bis 1970 an. Und diese Zahl vermag – versteht man etwas von der Materie – als ein Fiebermesser unserer Seelengefahr angesehen zu werden; denn an diese Symptomatik gekoppelt ist eine geminderte Schul- und Arbeitsfähigkeit, d. h., wenn auch die Neigung zum Eigentumsdelikt in leichteren Fällen eine vorübergehende Erscheinung ist, so ist Arbeitsunlust, Bindungsschwäche und psychische Labilität nur allzu häufig eine Erscheinung, die festgeprägter Charakterzug ist und bleibt, das Leben des Erwachsenen gefährdet, gefährdet in bezug auf das Abgleiten in Süchte, Depressionen und allgemein verminderte Lebenstüchtigkeit, verminderte Ehefähigkeit, verminderte Verantwortlichkeit für die eigenen Kinder, verminderte Verläßlichkeit im Beruf, aber vermehrte Suggestivität in bezug auf Ideologien des Neides, denn solche Menschen fühlen sich als Habenichtse. Wenn diese Gefahren nicht so fundamental wären, wenn Ursache und Wirkung nicht so eindeutig beschreibbar, prognostizierbar, aber eben auch veränderbar wären – ich hätte diese mühsame Öffentlichkeitsarbeit im Alleingang gewiß nicht begonnen.

Neue statistische Untersuchungen haben bestätigt, daß der Mensch in den ersten Jahren seines Lebens in einem Ausmaß labilisiert und fehlentwickelt werden kann, wie man es sich schwer vorstellen kann*. Ja, diese sich im letzten Jahrhundert immer mehr verdichtende Erkenntnis läßt sich, wie ich mit Hilfe der gleichen Verhaltensstörungen von Kindern und Tieren als Folge von Antriebsfrustrationen nachgewiesen habe, biologisch untermauern, denn der Mensch ist mit einer Reihe von vitalen Antrieben ausgestattet, die zur Erhaltung des Individuums und zur Erhaltung seiner Art nötig sind. Diese Antriebe treten im Entwicklungsgang des Menschen nacheinander hervor und harren der Verwirklichung in der Außenwelt. Zu ihrer Entfaltung sind besondere, von außen kommende (exogene) „Antworten" auf innere (endogene) „Bereitschaften" unabdingbar.

Diese vier Grundantriebe des Menschen sind während der Phase ihrer Entfaltung von Grund auf störbar, wenn die erwarteten exogenen „Antworten" nicht gegeben werden. Hat der Mensch hingegen diese Phase einigermaßen unbeschadet durchlaufen, so kommt er in jene Bereiche des Menschseins, die ihm mit Hilfe zunehmender Einsicht mehr Steuerungsmöglichkeiten in die Hand geben. Sie schützen ihn im höheren Lebensalter weitgehend vor Charakterverbiegungen. Das ist der Grund, warum die Störanfälligkeit des Menschen gerade in sei-

---

* Siehe U. Frederking: Emotionale Bedingungen von Verhaltensstörungen zehnjähriger Schulkinder. Praxis Kinderpsychologie 7/1975, 258–266.

nen ersten Lebensjahren so groß ist. Deshalb muß das Gewicht in einer modernen Erziehungskunde auf den ersten Lebensjahren liegen. Diese Erkenntnisse über die Bedingungen der Antriebe des Menschen wurden erst heute gemacht, weil wir, anders als früher, die Möglichkeit haben, das Grundkonzept der „menschlichen Brutpflege" unwissentlich zu beschädigen.

Unmittelbar nach der Geburt tritt als erstes der *Nahrungstrieb* in Gestalt einer endogenen Bereitschaft und Fähigkeit zum Ersaugen von Nahrung in Funktion. Die Handlung beginnt mit dem endogenen Reizzustand des Säuglings, hungrig zu sein. Dieser mobilisiert ein zunächst noch ungezieltes Suchverhalten. Der Säugling wacht auf, wird unruhig und beginnt zu schreien. Für die Mutter, die das Kind geboren hat, löst dieses Schreien normalerweise eine bestimmte Reaktion aus: sie wird von dem Drang erfaßt, das Kind in den Arm zu nehmen und zu stillen.

Das neugeborene Kind braucht nicht wie die Mutter zu lernen. Sofort nach der Geburt liegt sein lebenserhaltender Bezug zur Mutter als ein fertig vorhandener Instinktmechanismus bereit. Dieser ist dadurch störbar, daß das Antriebsziel, die Entspannung durch Ersaugen der Nahrung, nicht erreicht wird. Solche Behinderungen führen zu einer Reihe typischer Verhaltensstörungen. Der Antriebsdruck sucht Befriedigung
- an einem unbrauchbaren Objekt (z.B. Saugen am Kissen),
- am Subjekt selbst (z.B. Daumenlutschen),
- in einer Handlung, die einem anderen Funktionskreis entstammt (z.B. onanieren),
- im Leerlauf (Hin- und Herschlagen von Kopf und Oberkörper).

Wie sieht das spätere Schicksal von Menschen aus, die eine Störung im *Nahrungsbereich* hatten? Die Antriebsspannung bleibt in diesen Fällen chronisch erhalten, und zwar auch dann, wenn der Mensch später die Möglichkeit hat, sich befriedigend zu ernähren. Das zeigt sich z.B. darin, daß ein Mensch einerseits voller Gier, voller Ansprüche, voller Ungeduld und Hast ist und daß er dazu neigt, ein süchtig Essender, Trinkender, Rauchender und allgemein Konsumierender zu werden. Er möchte alles haben und fühlt sich dennoch immer als ein Habenichts. Das führt manchmal zu Antriebsdurchbrüchen, z.B. zu diebischen Handlungen. Was der Säugling nicht bekam, holt sich der Jugendliche oder Erwachsene in einer fehlgeleiteten Verhaltensweise, die schwer zu korrigieren ist.

Wir können daraus lernen: je „natürlicher" ein Kind in den ersten Lebenswochen ernährt wird, desto weniger wird die Entfaltung seines Nahrungstriebs gestört.

Etwa vom dritten Lebensmonat an tritt neben dem immer noch herrschenden Nahrungstrieb der *Bindungstrieb* in Erscheinung. Seine endogene Bereitschaft zeigt sich im Anschauen und Anlächeln der Bezugspersonen. Der Bindungstrieb ist von großer Bedeutung für die Charakterentwicklung des Menschen. Spitz hat durch Attrappenversuche mit Säuglingen nach ihrer achten Lebenswoche bewiesen, daß das sich bewegende, frontal dargebotene Gesicht mit Stirn-, Augen- und Nasenpartie einen angeborenen Auslöser darstellt, auf den das Kind mit Lächeln reagiert: das Kind ist dabei, seine Pflegerin kennenzulernen. Wenn dieser Vorgang abgeschlossen ist, ist deshalb jenseits des sechsten Lebensmonats das Lächeln nicht mehr durch eine beliebige Attrappe auslösbar, sondern allein durch das dem Kind bei der Nahrungsaufnahme bekannt gewordene Gesicht. Mit zunehmendem Alter bleibt das Kind bei fremden Gesichtern ernst und zeigt vom achten Lebensmonat an sogar Furcht. Es „fremdelt". Wenn dem Kind in dieser Phase die Bezugsperson genommen wird, so bedeutet das schwerste Irritation. Durch den Mangel an Antriebsspannungen oder Befriedigungserlebnissen am Primärobjekt kann eine übersteigerte Spannung chronisch werden. Das Kind und später der Erwachsene verhalten sich unangepaßt, überneugierig, taktlos und aufdrängend.

Bei Kindern, die keine hinreichende Befriedigung des Bindungstriebes erfahren haben, bildet sich die Fähigkeit, zu erkennen und beobachtend nachzuahmen, schwächer aus. Deswegen bleiben sie dümmer als unter normalen Bedingungen aufgewachsene Kinder, können schwerer Kontakt aufnehmen und sich keiner Gemeinschaft anpassen.

Als schwer geschädigt erweisen sich Menschen, die in beiden Antriebsbereichen, dem der Nahrung wie der Bindung, beeinträchtigt sind. Solche Kinder zeigen dann in der Pubertät oft Anzeichen der neurotischen Verwahrlosung.

Die Säuglingszeit des Menschen ist heute im westlichen Kulturkreis durch eine Aneinanderreihung schwerer Fehler in der Betreuung gekennzeichnet: Säuglingsstationen, unnatürliche Fütterungsweisen, Kinderkrippen, Säuglingsheime, Ganztagsarbeit der Mütter lassen die erwarteten exogenen Antworten ausfallen, werden als Frustrationen erlebt und mit vermehrter Spannung, mutloser Gleichgültigkeit und Aggressivität als Reaktionen auf Angst und mit einer allgemeinen Frustrationsintoleranz beantwortet, und diese Schäden sind, um es ganz deutlich zu machen, kaum bzw. nur sehr schwer reversibel, prägend und beeinträchtigend für das spätere Leben.

Wenn wir in gleichsinniger Weise die Ursachen einer angeborenen *Körper*behinderung und gleichzeitig die Möglichkeit der Verhinderung solcher Schäden herausgefunden hätten – ich bin mir sicher, es würden im Handumdrehen eine riesige, eifrig bemühte Organisation entstehen, um diese Forschungsergebnisse in konstruktiver Prophylaxe zu nutzen. Warum geschieht das nicht endlich auf dem Boden der Forschungsergebnisse über die milieubedingte Behinderung der Entfaltung des Menschen? Liegt es wirklich nur daran, daß wir Psychisches, Charakterprägendes nicht ernst nehmen? Liegt es nicht vielleicht doch einfach daran, daß jeder von uns dem fröhlichen Optimismus frönt, daß Probleme dieser Art ihn nichts angehen? Aber sie gehen uns auch persönlich an! Wie viele schwer verstörte, selbstmordgefährdete, innerlich wurzellose Jugendliche, auch aus wohlhabenden und wohlmeinenden Arztelternhäusern, habe ich in den letzten Jahren zu sehen bekommen!

Bevor ich nun daran gehe, den Versuch zu machen zu verdeutlichen, welche gewichtige Rolle der Arzt in der kollektiven Neurosenprophylaxe de facto hat, will ich von meinen Modellkindern berichten. Ich habe in meinem Umkreis eine Reihe von Jugendlichen und Kindern – sie sind heute im Alter zwischen zwei und sechzehn Jahren –, die, ohne daß die Mütter und Väter besonders intelligent oder besonders unneurotisch waren (zum Teil waren die Mütter vor ihrer Heirat bei mir Praxishelferinnen oder Hausgehilfinnen), sich ohne Ausnahme auf das Ungewöhnlichste entwickelten. Alle diese Kinder sind ihrem Altersdurchschnitt geistig weit voraus, sie sind ausgeglichen, fröhlich, von robuster Gesundheit und zäher Durchhalte- und Leistungsfähigkeit.

Mit diesen Kindern wurden lediglich die folgenden Veränderungen in den Gepflogenheiten der Säuglingspflege vorgenommen:

1. Die Kinder wurden in Kliniken zur Welt gebracht, die die Neugeborenen bei den Müttern beließen.

2. Die Mütter waren von der Wichtigkeit des Stillens überzeugt und gingen – unter gezielter Anleitung und nach Überwindung der Anfangsschwierigkeiten, bei denen sie intensiv betreut und beraten wurden – zu einem halbjährigen Stillen nach Bedarf über, wobei spezielle Anleitungen zur Erhaltung der Milchproduktion gegeben wurden.

3. Langes Schreien der Säuglinge wurde strengstens vermieden, und zwar vor allem dadurch, daß die Mütter es lernten, die Bedürfnisse ihrer Babys besser zu ertasten. Sie lernten, daß Trinken durch Saugen, Entspannen durch Schlafen, Trockenwerden durch Windelwechsel und in zunehmendem Maße die Welt verstehen lernen durch Begreifen und Belutschen, Sich-Binden und Kontakthaben durch Spielen und Nachahmen der Bezugspersonen zu den Aufgaben des Säuglings gehören und daß er herrlich zufrieden und hellaufgeschlossen und lebendig wird, wenn man ihm Wissen und Gespür um diese seine Bedürfnisse entgegenbringt. Das bedeutet freilich,

4. daß diese Kinder bis zum fünfzehnten Lebensmonat durchgängig ausschließlich von der Mutter gefüttert und versorgt wurden und

5. daß die Mutter keinen einzigen Tag aus dem Blickfeld ihres Babys geriet.

In der weiteren Entwicklung gab es hingegen zunehmend mehr Flexibilität, auch mehr direkte Flexibilität der Lebensführung bei den Müttern. Manche sind, seit die Kinder in der Schule sind, wieder halbtags berufstätig, andere sind mit Heimarbeit oder mit einer größeren Zahl nachgeborener Kinder ausgelastet. Jedenfalls zeigen diese Kinder neben ihrer psychischen und geistigen Stabilität auch eine rasche Entwicklung zur Selbständigkeit, die die Mütter manchmal fast rascher wieder aus der Rolle der Bemutterung entließ, als es ihnen selbst lieb war.

Diese meine Modellkinder sind durchgängig im Alter von fünf Jahren schulreif. Sie lernen gut und ohne Antreibereien, und das Problem besteht nur darin, wie sie mit dem so viel geringeren Leistungsniveau ihrer Jahrgangsgenossen zurechtkommen sollen.

Dieses positive Ergebnis bedeutet freilich nicht, daß wir grundsätzlich diese Entfaltungsmöglichkeiten durch natürliche Frühpflege haben. Ererbter Intelligenzmangel, ererbte Hypersensibilität und die vielen tragischen Unfälle bei der Geburt

oder im Lebensschicksal des Menschen schränken die Erfolgs-
möglichkeit unserer Einflußnahme generell oft sehr ein; aber
das ändert nichts an der Einsicht, daß es unsere Aufgabe ist,
unseren Kindern nach Möglichkeit die besten Startbedingun-
gen für ihr Leben zu vermitteln.

Die Verantwortung des Arztes im Hinblick auf die psychische Stabilisierung der künftigen Generation ist deshalb besonders groß, und zwar in sämtlichen Fachdisziplinen; denn generell hat unsere Zeit den Arzt an die Stelle des Priesters gesetzt;
seinen Rat holt man ein, an seinen Rat glaubt man, seinen Rat
befolgt man. Aber helfen zur Prophylaxe könnten Ärzte nicht
nur durch kompetenten Rat, sondern auch durch einige gewiß
unbequeme institutionelle Umstellungen.

Der Gynäkologe trägt in bezug auf die Neurosenprophylaxe
die größte Verantwortung. Der Geist und der Stil seiner Wöch-
nerinnenstation kann eine entscheidende Weichenstellung bewirken, denn erfahrungsgemäß sind besonders die Erstgebärenden zu keiner Zeit so aufgeschlossen für Beratungen zur
Säuglingspflege wie im Wochenbett. Hebammen, Pflegerinnen
– bei einem gewissen Bildungsniveau auch Bücher – können
helfen, in eine Mutterrolle hineinzuwachsen, die schwere See-
lenverstümmelungen vermeidet. Keine, auch nicht die lässigste
Mutter, möchte ein dummes, faules oder gar kriminelles Kind
haben. Man muß ihr also sagen, daß und wie sie es vermeiden
kann.

Die Untersuchungen von Klaus, USA, haben anhand zweier
Wöchnerinnenstationen mit unterschiedlicher Handhabung
bewiesen, daß die Babys, die bereits im Wochenbett der Mütter
nicht von ihnen getrennt worden waren, einen geistig-seeli-
schen Entwicklungsvorsprung vor der Kontrollgruppe hatten,
die in Säuglingszimmern untergebracht waren. Die neueren
Ergebnisse der Hirnforschung machen diese Ergebnisse mehr
als glaubhaft. Können und dürfen wir uns also über solche Ergebnisse hinwegsetzen? Ist es nicht besser, man verfügt (mit
Ausnahme des Vaters) ein generelles Besuchsverbot auf den
Wöchnerinnenstationen und beläßt die Neugeborenen endlich
da, wo sie nun einmal hingehören: bei ihrer Mutter?

Ein großer Teil der Bemühungen des Pflegepersonals auf
den Wöchnerinnenstationen müßte der fachgerechten Anleitung zum Stillen dienen, denn diese Anleitung, Ermutigung und
Realisierung, die Versuche, die Wöchnerinnen von dem uner-

setzbaren Wert einer mindestens halbjährigen Stillzeit zu über-
zeugen, können ein Garant dafür sein, daß die junge Mutter
nach ihrer Entlassung aus der Klinik durchhält und weiter mit-
zieht. Bei Stillwilligkeit und einer sehr gewichtigen, gekonnten
Anleitung, die die Hebammen in ihren Ausbildungszeiten lernen müßten, ließen sich die Prozentzahlen der stillenden Mütter enorm erhöhen. Es ist nicht wahr, daß – wie junge Mütter
sich einreden – in unserer Zeit eine „biologische Stillunfähig-
keit" entstanden ist. Der Abbruch der Tradition, die bequemen
Ersatzpräparate und die verringerte Bereitschaft der modernen
Frau, einige Monate relativ statisch leben zu müssen, hat vielmehr diese Veränderung vorbereitet. Moralisch verpönt aber
sollte es sein, die Wöchnerinnen aufgrund des Motivs, einen
möglichst bequemen Pflegealltag zu haben, zum Abstillen oder
gar nicht erst zum Anfangen des Stillens überreden zu wollen.

Aber das Stillen gehört eigentlich nur zu den wichtigen Vor-
bedingungen dafür, daß der allerwichtigste Punkt, die Bindung
des Kindes an ein Du, phasenspezifisch gelingen kann. Diese
Beziehung abzustützen, ist auch Aufgabe des Kinderarztes, des
Hausarztes, des Allgemeinmediziners, der Amtsärzte in den
Mütterberatungsstellen. Hier ist am Einzelfall viel Information
möglich, wenn der Arzt nur selbst über Kenntnisse der Ent-
wicklungspsychologie verfügt.

Wichtig ist auch der sorgfältig abwägende Rat, wenn der
Säugling oder das Kleinkind schwer erkrankt ist. Wenn ein Klinikaufenthalt unumgänglich ist, sollte man jenseits des zweiten
Lebensmonats die Mutter zum Dienst an ihrem Kind im Krankenhaus verpflichten. Das setzt voraus, daß die Versorgung der
Familie gewährleistet ist. Im äußersten Fall wäre es besser, man
schriebe den Vater krank und stellte ihn zur Versorgung der
älteren Kinder bereit, als das hilflose Kind in seinem Krank-
sein in eine total fremde Umgebung zu versetzen.

Unter den jugendlichen Kriminellen meiner Kartei waren 48% in ihren ersten beiden Lebensjahren langfristig allein
in Krankenhäusern. Es wäre ein vereinfachter Schluß, daraus
zu folgern, daß frühe Krankenhausaufenthalte generell kriminell machen, denn häufig war sicher bereits Vernachlässigung
der Kinder durch ihre Umwelt die Ursache einer so schweren
Erkrankung. Aber dennoch können wir solche massiven Zah-
len nicht hören, ohne nicht alles zu tun, Schädigungsmöglich-
keiten, soweit es irgend geht, auszuschalten.

Freundlichkeit – eine psychische Hemmung?

Unter den seelisch erkrankten Kindern fällt eine Gruppe nicht etwa durch aggressiv störendes Verhalten, sondern gerade umgekehrt durch eine konstante Überanpassung auf. Es sind die besonders aufmerksamen, besonders um den Therapeuten bemühten, extrem freundlichen Kinder. Oft haben sie psychosomatische Erkrankungen, zum Beispiel ein chronisches Bettnässerleiden, das den Grund bildete für eine Behandlung. Ihre Freundlichkeit hat aber einen merkwürdigen Akzent. Eine unkindliche übertriebene Selbstlosigkeit und Bescheidenheit tritt in den Vordergrund, ja wenn man die Kinder über längere Zeit kennt, wird deutlich, daß diese Freundlichkeit im Grunde einen ihnen meist unbewußten Zweck hat: sie möchten bestätigt werden, sie möchten durch die Leistung ihrer Artigkeit Gegenleistungen hervorrufen, Gegenleistungen der Anerkennung, der Vorrangstellung. Das superfreundliche Kind hat oft ein tiefes Defizit in bezug auf seinen Glauben an seinen Wert, ein Defizit an Anerkennung. Es fühlt sich klein, bedeutungslos, oft unglücklich und schwach und heischt durch betonte Unterwürfigkeit nach Bestätigung und damit nach Stärkung seines Ichs. Daß diese Vorstellung nicht ausgedacht ist, ist leicht daran zu prüfen, daß Kinder, denen man in der Therapie die Möglichkeit vermittelt, sich besser selbst behaupten zu lernen und denen man auch durch die Heilung ihres – in den Augen der Familie wertmindernden – Leidens seelische Kraft vermittelt, den Charakterzug Freundlichkeit oft zugunsten einer robusten Durchsetzungsfähigkeit zumindest vorübergehend aufgeben. Ähnliche Erfahrungen haben Psychoanalytiker in der Nachfolge Freuds nur allzu häufig auch mit ihren erwachsenen Patienten gemacht. Man erkannte zum Beispiel: Bescheidenheit beruht nicht immer auf echter Entscheidung zum Verzicht, sondern häufig auf dem Unvermögen, Wünsche überhaupt anzumelden, also auf einer dem Patienten das Leben erschwerenden Hemmung. Nicht immer ist Freundlichkeit ein Zeichen von Freund-„Gleichheit", sondern sie steht manchmal auch im Dienst eines chronischen emotionalen Mangels. Diese Erfahrung kann aber unter Umständen eine bedenkliche Schlußfolgerung, eine gefährliche Verallgemeinerung heraufbeschwören, nämlich die Fehlvorstellung, Freundlichkeit sei generell ein Zeichen von Gehemmtheit und Ich-Schwäche, ein abzulehnender Selbstbetrug. Und die nächste verallgemeinernde Schlußfolgerung heißt dann: An seiner Freundlichkeit erkennst du den gehemmten, unreifen, unechten, an seiner Unfreundlichkeit den wahren, gegen sich und seine Umwelt chrlichen ichstarken Menschen. Diese „Umwertung der Werte" im Raum der Psychoanalyse hat nicht selten die groteske Folge gehabt, daß man den Analysegläubigen vor allem an seiner Eigenschaft erkennen konnte: an seiner Unfreundlichkeit. Verstummte, unbewegliche „Gelassenheit" wurde nicht selten zur ungeschriebenen Verhaltensvorschrift für Menschen, die sich einer Psychoanalyse unterzogen hatten. Wodurch kam es zu dieser Fehlentwicklung? Sie ist die Folge einer unzulässigen Verallgemeinerung; denn erstens ist Freundlichkeit nicht auf jeden Fall ein Zeichen von Gehemmtheit, und zweitens enthält die Einladung zur Unfreundlichkeit dadurch, daß man sie zur Erkennungsmarke eines scheinbar positiven, anerkennenswerten Verhaltens macht, eine Versuchung zur Machtanmaßung. Jeder Mensch hat eine Neigung, Macht auszuüben, sobald man ihm dazu Gelegenheit gibt. Mit barscher Unfreundlichkeit dem Gegenüber seine Überlegenheit zu demonstrieren ist keineswegs nur eine Angelegenheit barbarischer Herrscher. Auf diesem Sektor wird bereits in den sogenannten Dienstleistungsbetrieben Erschreckendes geleistet. Der Schalterbeamte der Bank, der den Kunden barsch zurechtweist oder zum künstlich provozierten Warten nötigt, die Krankenschwester, die mit wortkarger Härte dem Patienten demonstriert, wer der Herr auf der Station ist, die Verkäuferin, die kalt abweist, die Sprechstundenhilfe des Arztes, die mit Überheblichkeit bedeutet, wem man sich hier zu fügen habe – sie alle üben in fröhlicher Unbewußtheit Macht aus. Denn es fehlt ihnen die Einsicht, daß sie der Versuchung der Machtausübung erlegen sind und daß Unfreundlichkeit dafür ein Kennzeichen ist. Der die Machtfülle hat – das ist lediglich die andere Seite der Medaille Freundlichkeit aus Schwäche und Unterwürfigkeit –, hat es eben nicht nötig, freundlich zu sein. Selbst der junge, noch ichschwache, die Krone erbende König ist im Stande der Macht leicht in der Lage, dieses Defizit durch Nötigung zu Devotion, durch Schwächung der Untergebenen zum Zwecke der eigenen Stärkung aufzulösen. Unreflektiert und ohne ein anderes Wertsystem gehört das Verhalten mürrischen, harten, ängstigenden Herrschertums zu jeder primitiven Machtausübung – ganz gleich, ob ein Konzern, ein Volk, ein Klinikvorzimmer oder gar die Patienten einer psychotherapeutischen Praxis regiert werden.

Aber wir müssen uns endlich klarmachen: sowohl die gehemmte Freundlichkeit wie die machtausübende Unfreundlichkeit sind höchst tierische Verhaltensweisen: der schwächere Hund wedelt gnadeheischend mit dem Schwanz; der durch die Flucht des Rivalen ermutigte Machthaber läuft drohend und bellend hinter dem Geängstigten drein. Aktionen und Reaktionen dieser Art gehören ins Feld tierischen Verhaltens. Denn hier werden Mechanismen des biologischen Selbstbehauptungstriebes getätigt.

Freundlichkeit als eine echt menschliche, eine wirklich wertvolle Eigenschaft beginnt erst dort, wo der Mensch die volle Möglichkeit zur unfreundlichen Machtausübung zwar hätte, aber um des anderen willen ohne eigensüchtiges Zweckdenken auf diese Möglichkeit und Versuchung bewußt verzichtete. Echte Freundlichkeit kann daher in der Tat erst im Zustand innerer Reife, einer Festigkeit des Ichs, im Zustand eines für den anderen verantwortlichen Wertbewußtseins gelebt werden. Und wie groß ist dann ihr Wert! Wie tief beschenkt echte Freundlichkeit, die nicht das ihre sucht, den anderen; denn sie zeigt ihm, daß er geachtet wird – wie ein Freund, Freund-„gleich". Es ist nicht schwer, auch den scheinbar „Wertlosen", den Gestrauchelten, den Streuner, den Haltlosen, den Irren, den Unglücklichen zu achten, wenn wir zum Menschsein herangereift sind; denn der Reife hat Bewußtsein über all seine Charakterecken und -beulen, er kann deshalb den Menschen, der andere Nöte hat, genauso aushalten wie sich selbst.

Unfreundlichkeit als generelle Verhaltensweise ist deshalb niemals ein Zeichen von menschlicher Reife und Mündigkeit, selbst dann nicht, wenn ein solcher Mensch eine langfristige Psychoanalyse absolviert haben sollte. Unfreundlichkeit ist entweder ein Zeichen von Schwäche und Überforderung oder ein Zeichen dafür, daß der Unfreundliche über den Status primitiver Selbstbehauptung, der Notwendigkeit zu Machtausübung, noch nicht hat hinauswachsen können.

Dennoch gibt es ein beachtenswertes Gegenargument gegen Freundlichkeit – nämlich die Erfahrung, daß der Mensch, dem man den kleinen Finger gibt, bald die ganze Hand will. Freundlichkeit des Souveränen und Mächtigen beschwört die Gefahr seiner Ausnutzung und damit die Einbuße von Kraft und Macht herauf. Aber der Mündige ist dieser Gefahr gewachsen, wenn er dem anderen in solchen Situationen in aller Freundlichkeit Grenzen setzt in dem verantwortungsreichen Wissen, daß totale Verausgabung Kraftverlust bedeutet und schadet -- dem Beschenkten ebenso wie dem Schenkenden.

Souveräne Freundlichkeit aber gehört zu den höchsten Werten und Zielen des Menschen, denn sie ist eine handfeste Möglichkeit, täglich und durch viele einzelne Handlungen und Worte hindurch die Liebe in der Welt zu mehren.

Über die Wurzeln des Geizes

Kürzlich wurde mir folgende Geschichte berichtet: Nach dem Tod eines hochbetagten, kinderlosen Ehepaares, das sehr abgeschlossen gelebt hatte, bekamen die entfernten Verwandten erstmalig Einblick in die Hinterlassenschaft der Verstorbenen. Dabei zeigte es sich, daß dem Paar nur noch ein einziges karges Zimmer als Aufenthaltsraum hatte dienen können – alle anderen Räume, einschließlich Bad und Keller, waren stapelhoch mit Gegenständen angefüllt. Es war offenbar in diesem Hause niemals etwas weggeworfen worden: Zerschlissene Polstermöbel, unbrauchbare Teppiche, angeschlagenes Geschirr, zerrissene Wäsche, ja selbst abgenutzte Fußmatten, alte Rechnungen, durchlöcherte Kochtöpfe, abgetragene Schuhe und Lumpen türmten sich zu Bergen.

In wochenlanger Kleinarbeit machten sich die Angehörigen daran, das noch Brauchbare vom Unbrauchbaren auszusondieren. Schließlich fand man in einer zerschlissenen Matratze sogar noch einen richtigen Schatz: einen Sack mit Geld. Die Verwandten fielen in ein großes Staunen. Wer hätte das vermutet? Das verstorbene Ehepaar hatte als arm gegolten, man hatte es lediglich für realitätsgerecht sparsam gehalten. Jetzt aber ergab sich: dieses Paar mußte vom Geiz geradezu besessen gewesen sein.

Wie entsteht eine solche Haltung? Diese Frage soll uns in den folgenden Zeilen aus tiefenpsychologischer Sicht beschäftigen.

Es gehört zu den Selbsterziehungsaufgaben des Menschen, ein ausgewogenes Maß zwischen Bewahrungs- und Erneuerungsbedürfnissen anzustreben. Das ist aber nur möglich, wenn wir die Gefahr einseitiger Übersteigerungen in uns selbst erkennen und den Willen haben, sie zu überwinden. Das wiederum hat zur Voraussetzung, daß wir den versteckten Sinn in dem Unvermögen, Geld für Sinnvolles ausgeben zu können, überhaupt erst einmal verstehen. Wie kommt ein Mensch dazu, Dinge in seinem Umkreis in einer extremen Weise anzuhäufen, zu sammeln, was sich sammeln läßt, und nichts hergeben zu können? Menschen, bei denen diese Eigenschaft im Erwachsenenalter, vor allem aber im Alter in übersteigertem Ausmaß sichtbar wird, haben das Bedürfnis zum Horten meist schon sehr früh entwickelt. Forscht man in ihren Lebensläufen nach, so ergibt sich: auch im Kindesalter waren sie schon Sammler, Sammler von Briefmarken, von Schmetterlingen und Käfern, von bunten Steinen und gepreßten Blättern. Schon damals konnten sie es nicht ertragen, wenn die Mutter einen alten Teddy, eine alte Puppe, ein Kleidungsstück verschenken oder wegwerfen wollte, und schon bald, spätestens im Grundschulalter, entdeckten sie die große Lust am Anhäufen der Pfennige, an der Sparbüchse, am Zählen und Nachrechnen des kleinen, ständig anwachsenden Besitzes. Etwas anzuhäufen, sich dann im wahrsten Sinne des Wortes darauf zu setzen, zu be-sitzen, den Bestand ängstlich zu hüten, zu verteidigen, auf gar keinen Fall wieder herauszugeben, kann zum lustvollen Drang, ja kann zum ängstlich starren Zwang werden. Ich habe das einmal in einem Heim mit Kleinkindern erlebt: als der ihnen fremde Besucher in den Raum trat, in dem sie, jedes mit einigen Spielsachen versehen, in ihren Betten saßen, legten die Kinder mit einer Geste ängstlicher Abwehr beide Arme um den kleinen Spielbesitz, so als fürchteten sie, der Fremde würde ihn ihnen entreißen. Aber Erscheinungen dieser Art sind in der Kindergeneration heute nur noch Ausnahme, während sie unter Kindern der ersten Hälfte dieses Jahrhunderts ganz allgemein üblich waren. Woran liegt das? Was hat es für einen Grund, daß extrem sparsame, ja geizig hortende Großeltern verschwenderische Enkel haben? Woran liegt es, daß der Geiz früher viele Einzelzüge des Zeitgeistes (wie zum Beispiel den Sinn für die Vergangenheit, für die Geschichte) bestimmte, während in der Kinder- und Jugendgeneration heute ein entgegengesetzter Zug – die Verschwendung – mehr in Erscheinung tritt? Wenn man dieses verblüffende Phänomen ins Auge faßt, wird deutlich, daß die Einstellung des Menschen zum Besitz nicht nur eine Angelegenheit seines Erbgutes, sondern auch eine Angelegenheit seiner äußeren Situation und des Erziehungsstils ist, dem er während seiner Kinderjahre ausgesetzt ist.

Es gehört zu den existentiellen Bedürfnissen jedes Menschen, etwas zu besitzen, etwas zu bewahren, festzuhalten, für sich zu behalten, zurückzuhalten. Der Mensch hat mehr Chancen zu überleben, wenn dieses Bedürfnis in ihm entwickelt ist. Deshalb tritt dieser Drang ganz triebhaft schon beim ein- bis zweijährigen Kind in Erscheinung und bedarf der zunächst spielerischen Übung, um im Erwachsenenalter dann als eine allgemein anwendbare Fähigkeit für den einzelnen parat zu stehen. Die entwicklungspsychologische Notwendigkeit, daß Kinder sich im ,,Besitzen" einüben, wenn sie ausgeglichene Erwachsene werden sollen, ist den Erziehern bis heute noch nicht hinreichend ins Bewußtsein gedrungen. Denn wenn sie das intensive Bedürfnis des Kleinkindes, etwas behalten zu wollen, im Ansatz immer wieder und konsequent unterbinden, so entwickeln diese Kinder zwar zunächst in gefügiger Weise den Charakterzug Gebebereitschaft, werden aber gleichzeitig, ohne selbst zu wissen warum, extrem ,,zurückhaltend", das heißt, in ihnen entwickelt sich als Gegenaktion gegen die sie existentiell gefährdende Dressur der Charakterzug Sparsamkeit, Geiz, Hortungsbedürfnis um jeden Preis von allem und jedem.

Die Tiefenpsychologie hat sogar herausgefunden, daß eine solche unangemessene Reaktion auf eine Dressur zum Abgeben besonders leicht dann entsteht, wenn die Sauberkeitsgewöhnung des Kleinkindes sehr drastisch mit sehr viel Zwang und sehr früh durchgeführt wird. Die immer wiederholte Forderung, viele Male am Tage, Stuhl und Urin abzugeben, wird dann schließlich als eine existentielle Bedrohung erlebt und prägt als Reaktion den hortenden Charakter vor. In der ersten Hälfte dieses Jahrhunderts gehörte es zum Erziehungsstil der Mütter, ihre Kinder in eine rasche Sauberkeitsdressur zu pressen, ja in den bürgerlichen Kreisen gab es ein Wetteifern unter den jungen Müttern, die Kinder so rasch wie möglich aus den Windeln zu haben. Diese ,,Moral", wie überhaupt ein sehr starkes Sauberkeitsideal dieser Jahrgänge, prägte in vielen Menschen die Reaktion zum Zurückhalten als Charakterzug vor. Im Zeitalter der Waschmaschinen freilich und unter der modischen Abkehr vom extremen Sauberkeitsfanatismus gehen Ideale dieser Art wieder unter – und damit interessanterweise auch die Neigung der jungen Generation, Eigenschaften wie Sparsamkeit, Geiz, Zurückhaltung zu entwickeln und zu pflegen.

Wie aber können wir generell der Neigung zum Geiz entgegenwirken? Gewiß indem wir uns klarmachen, daß hier ein angstgetönter Automatismus im Gange ist, der uns in seiner Übersteigerung nicht wirklich hilft, denn es ist ja eine Täuschung, wenn wir meinen, daß der Geldsack unter dem Kopfkissen uns vor der Existenzangst wirksam befreien kann. Geiz fesselt in einer unrealistischen Weise. Wir müssen also begreifen lernen, daß es jetzt nicht mehr nötig ist, uns gegen eine gefährliche Nötigung zum Abgeben mit Zurückhalten zur Wehr zu setzen, indem wir in jeder einzelnen Situation nicht reflexartig reagieren, sondern uns überlegen, ob wir diesen Gegenstand wirklich behalten wollen, ob er für uns in irgendeiner Weise brauchbar sein kann, indem wir sachlich abwägen, ob und welche Geldausgabe für unser Leben sinnvoll und fördernd ist. Wir dürfen uns lächelnd auf die Schulter klopfen, wenn wir schon wieder in drangvoller Lust dabei sind, einen neuen Haufen anzulegen, und uns die Frage stellen, ob wir auf andere Weise nicht fruchtbarer zu einer lebendigen Lebenserfüllung kommen könnten.

Die Großmutter und ihr Enkel

Seit die Gehbehinderung der Großmutter sich zur Gehunfähigkeit ausgeweitet hatte, gab es für sie keine Möglichkeit mehr, das Dachkämmerchen, das sie seit dem Tod ihres Mannes im Haus der Kinder bewohnte, zu verlassen. An einer solchen Schicksalsweiche beginnt bei vielen alten Menschen die Einsamkeit zu wachsen. Sie werden zu einem Pflegefall. Aber davon konnte bei der Großmutter, von der ich erzähle, keineswegs die Rede sein. Sie lebte im Haus ihrer ältesten Tochter, die ihr fünf Enkel geschenkt hatte, drei Enkelsöhne und zwei Enkeltöchter. Aber auch die Familien der beiden Söhne, die ebenfalls mehrere Kinder hatten, waren in der Nähe angesiedelt. Doch mit oder ohne Nähe: *diese* gehunfähige Großmutter wurde *nicht* ein eigentlicher Pflegefall, sondern blieb der unentbehrliche Mittelpunkt der gesamten Familie. Nicht nur die Kinder und die Schwiegerkinder besuchten sie – die Enkel kamen reihum aus eigenem Impuls, die erwachsenen ebenso wie die halbwüchsigen und die kleinen. Woran lag das? Wir alle wissen, wie wenig das die Regel ist in unserer Zeit, wie rasch man die Alten und Gebrechlichen vergißt, weil man im hektischen Leben unserer Zeit so vieles zu tun hat, mitgerissen im jagenden Strom, in dem für die Alten gewissermaßen keine Verwendung mehr ist. Aber diese Großmutter hatte immer schon eine Form des Schenkens an ihre Angehörigen geübt, die sie auch jetzt noch als ein unentbehrliches Gut vorlebte: Diese Großmutter schenkte mit ihren Ohren, sie konnte mit lebhafter Mimik und Gesten zuhören, sie schenkte mit ihrem Herzen, denn sie urteilte und verurteilte weniger, als daß sie mitfühlte, mitdachte, mit abzuhelfen suchte. Sie schenkte Frieden. Alle empfanden das, wenn sie sie einzeln in ihrem Kämmerchen aufsuchten. Alle erlebten bis zu ihrem Tod, daß sie eine Weise war, eine Gebende blieb und daß ihre Liebe leuchtete, ja noch mehr leuchtete, als ihr Körper zu zerfallen begann.

Diese Großmutter hinterließ, als sie sechsundachtzigjährig starb, eine breite Lücke. Und wenn ihre Enkel nach Frieden suchten oder mit einer Entscheidung, einem Problem kämpften, gingen sie noch nach ihrem Tod hinauf und hockten sich auf den Schemel vor den Schaukelstuhl, auf dem sie zu Großmutters Lebzeiten gesessen hatten. „Wie merkwürdig", sagte eine siebzehnjährige Enkelin, als sie am ersten Todestag der Großmutter zu der versammelten Familie zurückkam, „das Zimmer ist immer noch hell von ihr".

Ich würde diese Geschichte nicht erzählen, wenn es nicht eine so seltene, so staunenswerte Geschichte wäre. Und dennoch war dieses Großmutterleben nicht nur allein Gnade, nicht nur die Folge einer ungewöhnlich zusammenhaltenden Familie gewesen, sondern die Folge eines ebenso wirkungsvollen Bemühens dieser Frau, des Bemühens um eine verständnisvolle Lebenshaltung, die sie besonders im Großmutteralter in zunehmendem Maße vollzogen hatte. Sie hatte es verstanden, eine ideale Großmutter zu werden. Das ist nicht selbstverständlich und heute schwerer denn je. Das Großmutterdasein hat viele verschiedene Gesichter bekommen. Es gibt Großmutterrollen der verschiedensten Art, und Großmutteraufgaben sind in unserer Zeit keineswegs unwichtiger, sondern eher noch bedeutsamer geworden. Ich will von meiner Praxiserfahrung her verschiedene Großmutterweisen aufzuzeigen versuchen, will versuchen, auch die speziellen Gefahren der Großmütterlichkeit deutlich zu machen, um vielleicht werdenden und schon seienden Großmüttern ein Stück Hilfe für ihre Lebenswirklichkeit zu geben.

Zunächst einmal muß uns deutlich werden – und alle, die ein ähnliches Glück hatten wie die Enkel der eben beschriebenen Familie, wissen das sehr genau –: Es ist, es müßte und sollte ein großes Glück sein, eine Großmutter zu haben. Wenn eine ältere Frau es versteht, ihre Großmutteraufgaben richtig zu erfüllen, dann erlebt bereits das Kleinkind bald – ganz gleich, ob die Großmutter im Hause lebt, nur zu Besuch kommt oder besucht wird –: da ist noch einer, der mir in einem grenzenlosen Ausmaß wohl will. Da ist einer, dem bedeute ich Entzücken, der freut sich unbändig an mir, meinem Dasein und So-sein. Der hilft mir, der beschützt mich, zu dem werde ich gebracht, zu dem darf ich kommen, wenn Not ist. Eine gesunde, noch aktive Großmutter ist nicht nur für Töchter und Schwiegertöchter, sondern vor allem für die, die es direkt angeht, für die Enkel, von großem Wert. Die Großmutter ist der Fels im Hintergrund, die zusätzliche Sicherheitsbasis, der Ort, an dem es Schutz, Geborgenheit und Liebe gibt, wenn alle Stränge reißen, wenn die Mutter plötzlich ausfällt, weil sie krank ist, wenn die Eltern verreisen müssen oder sonst irgendwie „weg" sind. Wie wichtig ist dieser Gedanke für das Enkelkind, wenn es als Grundschulkind allmählich merkt, wie windig dieses Erdenleben ist. Wie beruhigend ist dann die Überlegung: „Aber was auch geschieht, immer kann man zur Großmutter kommen."

Wir müssen uns freilich auch klar sein: Die Großmutter ist nicht nur für das Enkelkind ein Wert, auch das Enkelkind ist ein großer Wert für die Großmutter.

Kürzlich sagte eine siebzigjährige Frau, Mutter zweier Söhne, die lange kinderlos verheiratet gewesen waren, angesichts der Geburt ihres ersten Enkels zu mir: „Ich habe das Gefühl: jetzt ist alles erst wirklich in Ordnung." Was für eine tiefsinnige, richtige Bemerkung! Ich glaube, daß es für uns Frauen gerade heute von großer Wichtigkeit ist, ins Bewußtsein zu bekommen: sind wir erst einmal Mutter geworden, haben wir uns erst einmal durch einen opferbereiten Einsatz über Jahrzehnte hinweg darum bemüht, unsere Kinder zu geraden, lebenstüchtigen, liebevollen Menschen zu erziehen, so hoffen wir, daß dieses Erbe sich fortsetzt. Erst wenn die Existenz des Enkels uns die Gewißheit gibt, daß die Kette nicht abreißt, erst wenn wir beglückt erleben, daß wir Glieder in einer Kette der Generationen geworden sind, haben wir das berechtigte Gefühl, daß unser Leben zur vollen Erfüllung gekommen ist. Denn Mutterleben bedeutet ja, seinen Lebenssinn dadurch zu erfüllen, daß wir mithelfen, die Schöpfung weiterzutragen, und bedeutet, sich zu bemühen, das Leben durch unsere Kinder freundlicher, mitmenschlicher, differenzierter, wertvoller zu gestalten. Durch die Enkel bekommen die Großmütter Zukunft geschenkt, die Enkel beschenken uns mit der Frucht unseres Mühens, beschenken uns mit Lebenssinn, ohne den der Mensch nicht leben kann. Deshalb sind wir so glücklich über die Geburt eines Enkels, deshalb ist unser Herz so intensiv am Gedeihen der jungen Familie interessiert. Der Enkel ist die ureigenste Sache einer echten Großmutter!

Ich sagte, es sei besonders in unserer Zeit wichtig, sich diese Zusammenhänge ins Bewußtsein zu rufen; denn häufig wird diese Möglichkeit großen Glücks und innerer Zufriedenheit gerade bei den Lebensplanungen der jungen Frauen nicht mehr gesehen und nicht mehr mit in die Waagschale geworfen. Viele junge Frauen plädieren heute schon für freiwillige Kinderlosigkeit. Sie sehen nur die Mühsal, die Fesselung durch die Kinder; sie wollen ihre Selbständigkeit und Freiheit als Frau im Beruf nicht aufgeben. Aber wir Großmütter möchten warnen vor einer solchen Verweigerung. Denn wer sich dem Mutterdasein aus Bequemlichkeit verweigert, kann das ganz große Glück, Großmutter zu sein, nicht erleben, und das läßt sich auch später nicht einfach kaufen oder annektieren. Das sollten die Anhänger der Vorstellung, ohne Anstrengung ihres eigenen Glücks Schmied zu sein, fest ins Bewußtsein nehmen. Schon die alten Märchen und Weisheiten haben es uns immer wieder mit Recht verkündet: Ohne Schweiß kein Preis!

Aber dieser Spruch – das muß uns klar sein – trifft nicht nur in bezug auf die Vorstufen der Großmutterschaft, auf das Durchstehen der Mutteraufgaben zu. Auch die Weisheit echter Großmutterschaft, wie ich sie am Anfang schilderte, ist nicht ohne weiteres vorhanden, sondern sie muß mühsam errungen werden. Auch in einem Großmutterleben warten spezielle Gefahren, Versuchungen, Abirrungen, denen wir um so besser gewachsen sind, je fester wir sie im Bewußtsein haben.

Die größte Gefahr der unerfahrenen „jungen" Großmütter ist der Übereifer. Gewiß, Tochter und Schwiegertochter brauchen Hilfe während der Wochenbettzeit und während der ersten Monate, in denen das Baby das Leben des jungen Paares verändert und zunächst durch die Mühsal manchmal auch belastet. Nun packt Großmutter zu, nun breitet sie sich aus, kocht Söhnen und Schwiegersöhnen wieder das (bessere) Essen, rät, organisiert, schafft, daß die Wände nur so wackeln.

Gefährlich, sehr gefährlich! Schwiegersöhne haben nicht nur Lust auf gutes Essen, sondern auch Angst vor Machtergreifung – und erst recht die Schwiegertöchter.

Jüngst erzählte mir eine freundliche, bemühte, aufmerksame junge Bäuerin, daß ihre Schwiegermutter auf ihrer Hochzeit zwar alle Festtagsfreude gedämpft habe (denn der einzige Goldsohn hatte sich ja eine Frau genommen), daß sie, die mit den jungen Eheleuten im selben Haus lebte, ihrer Schwiegertochter niemals den Morgengruß erwidert und sie auch sonst keines Wortes gewürdigt habe, aber mit weißer Schürze auf der

Diele gestanden und die Arme ausgebreitet habe, als sie mit dem ersten Enkel auf dem Arm aus der Klinik gekommen sei. Dies ist die falsche Methode! Sie führt in den seltensten Fällen zu einem glücklichen Großmutterleben. Das muß mit Takt und mit einem guten Gespür für die eigenen Grenzen eingeübt werden. Mit Holzhammermethoden erreicht man das nicht. Denn die kleine Familie der Kinder ist wie ein junger Baum, der leicht verletzlich ist, der erst in einem ihm nötigen Freiraum zur Entfaltung kommen kann, der sich fürchtet, beschnitten, in seiner Eigenständigkeit und damit in seiner seelischen Existenz eingeschränkt zu werden. Deshalb sind die Kinder mit Recht im Hinblick auf die Enkel so bange angesichts der so wohlmeinenden Einmischung der Großmutter. Sie fürchten instinktiv, daß die Mutter ihnen die Elternaufgabe rauben könnte, daß sie die Macht behält oder neu ergreift. Vielleicht mag manche Großmutter jetzt denken: Wieso Macht – ich übe doch keine Macht aus, ich will doch nur helfen! – Das ist gewiß richtig; aber man kann auch durch Hilfe Macht ausüben – ohne jede Absicht. Indem man sich selbst unentbehrlich macht, zwingt man die Menschen seiner Umgebung, abhängig und damit klein, kindlich und unsicher zu werden. Am Anfang eines jeden guten Großmutterdaseins steht daher die ganz behutsame Rücksicht auf die Notwendigkeit, daß die kleine Familie ein eigenständiges Gebilde werden muß. Haben die Großmütter das im Bewußtsein, dann drängen sie ihre Hilfe nicht auf. Sie geben zwar ihre Bereitschaft kund, aber sie warten, bis man sie bittet, bis man sie ruft, und sie lassen sich nicht auf unbegrenzte Zeit in der Familie ihrer Kinder nieder. Kurzfristige, wirklich notwendige Besuche zur Hilfeleistung sind der Liebe viel zuträglicher als das Einnisten der Großmutter in der jungen Familie, worunter schließlich alle wie unter einer schweren Last stöhnen.

In den letzten zwanzig bis dreißig Jahren ist von bundesdeutschen Großmüttern oft Erstaunliches geleistet worden, vor allem in den zahllosen Familien, in denen sie die junge Mutter ersetzten, weil sie im Beruf blieb und am Aufbau zum Wohlstandsstatus beitrug. Besonders häufig war das in den sechziger Jahren der Fall, bevor die ,,Pille'' ihren Einzug hielt, wenn nämlich der Kindersegen eintrat, bevor das junge Paar geheiratet hatte, bevor das Nest, bevor Wohnung, Möbel und Hausrat vorhanden waren. Nur allzu oft haben die Eltern das junge Paar unter ihre Flügel genommen, und die erwachsenen Kinder konnten durch diesen Umstand ihre Berufsausbildungen abschließen und häufig sogar, dank Großmutters Arbeitseinsatz für die Enkel, auch im Beruf bleiben. Ich habe viele tatkräftige, seelisch gesunde Kinder beobachten können, die diese ihre Ausgeglichenheit und Fröhlichkeit nicht dem Einsatz ihrer Eltern, sondern dem ihrer Großeltern, besonders dem der Großmutter verdanken. Dennoch lauert auch hier eine Gefahr, die ich allen jüngeren Frauen, die am Beginn ihres Großmutterdaseins in eine solche Lage kommen, ins Bewußtsein rufen möchte: An sich ist es *nicht* natürlich, daß die Großmutter für ihre Enkel auch die Mutterrolle übernimmt. Die Natur gibt uns klipp und klar diesen Hinweis; sie bedeutet uns spätestens im sechsten Lebensjahrzehnt: Hier ist Schluß, nun bist du zu alt zur Mutteraufgabe! Und uns muß klar sein: es ist bei manchen von uns ein heimliches Meutern gegen dieses Naturgesetz, es ist häufig unsere Unersättlichkeit nach Mutterschaft, die uns in gieriger Triebhaftigkeit nach totaler Besitzergreifung des Enkels trachten und uns eilfertig Angebote zu seiner Betreuung machen läßt, kaum daß irgendwelche Probleme dieser Art in Erscheinung treten. Oft gäbe es *doch* andere Lösungen, manchmal wäre der jungen Familie durch eine Starthilfe aus Großmutters Sparstrumpf geholfen, ja oft ist es den vitalen Großmüttern von heute möglich, Geld zu verdienen und davon Kinder und Enkel zu unterstützen, solange ihr Familienschiff noch nicht ganz flott ist. Denn wir müssen uns klarmachen: Die beste Mischung aus Hellhörigkeit und Festigkeit, aus Bindung und Grenzsetzung hat im allgemeinen die junge Mutter in bezug auf die Erziehung ihrer Kinder ganz instinktiv parat. Die Älteren sind eben nicht mehr die Mütter, wir sind die Großmütter, und das heißt: Sie haben ein Stück Überschwang für die Enkel, der es ihnen schwermacht, gelegentlich auch „nein" zu sagen, sie sind, noch mehr als die jungen Frauen, in der Gefahr, die Enkel zu verwöhnen – nicht nur mit Bonbons und Groschen für Eis, sondern auch mit ihrer Weichherzigkeit für die Enkelkinder. Diese grenzenlose Liebe ist zwar eine gute Großmuttereigenschaft, und sie ist auch gestattet; aber gerade deshalb sollten die Enkel nicht ihre gesamte Kindheit hindurch in der Obhut ihrer Großmütter sein. Die Großmutter sollte hin und wieder für ihr Enkelkind da sein – ein paar Stunden am Abend, in der Nacht, weil Vater und Mutter ausgegangen sind, ein paar Wochen in den Ferien oder an einem Sonntag. Solche Regelungen sind auch der nicht mehr unbegrenzten Leistungsfähigkeit der älteren Frau viel angemessener, und eine solche Handhabung erzeugt, das hat mich die Erfahrung gelehrt, bei Kindern und Enkeln viel mehr dankbare Verbundenheit, als ein grenzenloses Fronleben der Großmutter als geduldete Obermagd im Haushalt der erwachsenen Kinder.

Generell läßt sich sagen: Verwöhnung schadet, denn sie macht bequem, passiv und schließlich auch unglücklich. Und letzten Endes werden davon nicht nur die Enkel, sondern auch die Großmütter selbst unglücklich, weil sie auf diese Weise eben erfolglose Erzieher ihrer Enkel werden.

Aber das alles brauchte nicht zu sein, wenn wir uns entschließen würden, Mut zur echten Großmutterrolle zu haben. Echte Großmütter haben unsere Enkel auch heute noch sehr nötig.

Eine echte Großmutter darf die unermüdlich mit dem Kleinkind Spaßende sein, die zeigt und hinweist und aufmerksam macht. Sie darf die sein, die dem Klein- und Schulkind biblische Geschichten, Märchen und Erlebnisse aus der alten Zeit erzählt. Sie sollte es sein, bei der es gemütlich ist, bei der man Ruhe und Frieden hat, die ein Stück geheimnisvoller Vergangenheit verwaltet.

Eine solche Großmutter unterläßt es, zu intrigieren, zu schnüffeln, die Söhne und Enkel gegen die Schwiegertöchter einzunehmen und aufzuhetzen. Sie überläßt das Erziehen den Eltern, mischt sich nicht ein, gibt aber nachdenklichen Rat, wenn sie darum gebeten wird.

Solche Großmütter brauchen unsere Enkel! Sie haben es dann nicht nötig, mit der Tradition zu brechen; das müssen sie nur, wenn ihnen zu viel starres, unreifes Verhalten bei Großmutter und Großvater begegnet. Wenn die Enkel die Großeltern hingegen als Menschen erleben, die Liebe, Gelassenheit und Weisheit ausstrahlen, so können sie auch bereit sein, aus dem Leben der Alten und damit aus den Erfahrungen der Vergangenheit zu lernen. Nur durch kluge Großeltern kann die junge Generation zu einer menschenfreundlicheren, höheren Kultur der Zukunft aufbrechen; denn nur jene Jungen einer alten Kultur, die die Tradition nicht verwerfen, sondern die gefilterten Lebenserfahrungen aufnehmen als Startbasis, werden diese Kultur erhalten und konstruktiv steigern können – und letztlich genau damit den Großeltern das schenken, worauf sie zu Recht hoffen.

Theologie in Kinderköpfen?

Von welch entscheidender Wichtigkeit ist es für das Leben eines Menschen, daß er zur Religion erzogen wird, daß er sich geborgen fühlt im Glauben an Gott und an die Sinnerfüllung des eigenen Lebens; denn das macht einen großen Teil der Tragfähigkeit seines Lebens aus! Aber es ist heute schwerer denn je, dieses Erziehungsziel zu erreichen. Während früher die Menschen weitgehend in den kirchlichen Glaubensnormen verwurzelt waren, werden sie heute in einer Erziehungsform, die unter dem Einfluß des naturwissenschaftlichen Denkens zur selbständigen Auseinandersetzung mit dem Existenzgrund auffordert, viel stärker mit Zweifeln, mit Ungewißheit und Ungläubigkeiten konfrontiert. Der erwachsene Mensch unserer Zeit ist durch die Überbewertung des Intellekts, durch eine übersteigerte, unreflektierte Gläubigkeit an die Naturwissenschaft mehr und mehr einer Art Verkrampfung anheimgefallen. Das hat sich in der evangelischen Theologie und damit auch in der Kindergottesdienstarbeit ausgewirkt. Die Tatsache, daß es der Physik, der Mathematik und der Biologie gelungen ist, einige den Menschen früher nicht erklärbare Zusammenhänge aufzudecken, hat manchen zu dem Fehlschluß geführt, daß die Aussagen der Bibel keinen Wahrheitsgehalt mehr besäßen, daß man allenfalls einige von ihnen entmythologisiert-übertragen in das Leben des modernen Menschen einfügen könne. Ich habe auf meinen Vortragsreisen durch Deutschland erlebt, daß es Kindergottesdiensthelfer gibt, die in ihrer Arbeit keineswegs das Ziel verfolgen, die Kinder zu einem intuitiven Verstehen der biblischen Aussagen zu bringen und sie einzuüben im Glauben, sondern die bereits mit den Kindern im Vorschul- und Grundschulalter theologische Probleme erörterten, ja in ihnen im Zuge einer sogenannten theologischen Kritikfähigkeit Zweifel zu wecken suchten in bezug auf den Sinn der Taufe, des Abendmahls und des Unsterblichkeitsglaubens. Das Radikalste, das ich in dieser Hinsicht erlebte, war eine Gruppe von Kindergottesdiensthelfern, die sich daran gemacht hatte, in ihren Gemeinden weihnachtliche und österliche Feiern abzuschaffen und an ihre Stelle entmythologisiertes Wirklichkeitsverständnis, wie sie das nannten, zu setzen versuchten. Im Mittelpunkt der weihnachtlichen Feier stand eine Besprechung über die Wünsche der Kinder und ein Nachdenken darüber, in welchen Geschäften man diese gewünschten Gegenstände kaufen und wer sie den Kindern wohl kaufen würde. Die Tendenz dieser Bemühungen ist klar: die Kinder sollen dazu genötigt werden, ihre Vorstellung vom geheimnisvollen Geber der weihnachtlichen Geschenke aufzugeben; sie sollen genauer denken. Mit hektischem Fanatismus wird versucht, den Kindern Vorstellungen zu rauben, die den Helfern falsch erscheinen. Sie sollen Realität lernen, sie sollen nicht mehr an etwas glauben, was es in den Augen dieser Helfer nicht gibt. Wahr, theologisch entmythologisiert sauber soll es in diesen Kinderköpfen aussehen. An dieser Stelle ist nun freilich mit Pilatus zu fragen: Was ist Wahrheit? – Eine Fünfjährige kommt weinend aus dem Kindergottesdienst heim: „Mutter, die Helferin hat gesagt, es gibt keine Engel. Da hab' ich ihr erzählt, daß doch neulich nachts einer bei mir im Schlafzimmer war. Da hat sie gesagt: ‚Da hattest du wohl Fieber – es gibt keine Engel.‘ " – Ein Siebenjähriger kommt verstört nach Hause und erklärt: „Klaus (der Kindergottesdiensthelfer) hat gesagt, der Großvater ist nicht im Himmel. Im Himmel ist gar keine Luft, da kann der Großvater gar nicht atmen. Er ist im Sarg unter der Erde und wird nie wieder lebendig." „Mama", sagt dieses clevere Bürschchen, „da will ich nicht wieder hingehen. Die lügen uns ja bloß an. Ich weiß doch, daß der Opa im Himmel ist, ich hab' ihn gesehen, als ich neulich schlief. Er hat da auch einen Schaukelstuhl und eine Zeitung und hat genickt und gewinkt. Warum reden die im Kindergottesdienst solchen Quatsch?"

Noch einmal mit Pilatus: Was ist Wahrheit? Kennen die Kinder, die sich gegen die Entmythologisierungs- und Verkopfungswelle wehren, sie besser als ihre superschlauen Helfer? Ist es nicht vielleicht wichtig, sich angesichts dieser beiden Aussagen der Worte Christi zu erinnern: Wahrlich, ich sage euch, so ihr nicht werdet wie die Kinder, werdet ihr das Himmelreich nicht schauen!

Wäre es für unsere Kindergottesdienstarbeit nicht vielleicht doch nötig, sich demütig an diesen Ausspruch zu halten und zunächst einmal durch schweigende Beobachtung herauszufinden, was Christus gemeint haben könnte mit diesem geheimnisvollen Wissen und Sein der Kinder? Bereits der Glaube der Fünfjährigen an die Engel, der des Siebenjährigen an die Auferstehung des Großvaters zeigen: es gibt in den Kindern ein Leben in der Bilderwelt des Unsichtbaren. Sie erfassen *mehr*, nicht weniger von unserer seelischen Existenz als wir Erwachsenen. Sie sind noch nicht durch Intellektualisierung verengt und auf das oberflächlich Sichtbare eingegrenzt und mit künstlichen Scheuklappen versehen. Die Kinder haben noch Gespür für die Dinge, die hinter dem Bereich des Sichtbaren liegen. Denn die Wirklichkeit des Menschen ist viel tiefer als das nur sinnlich Wahrnehmbare. Sie verhält sich zu diesem wie ein Eisberg zu seinen über die Oberfläche hinausragenden Teilen. Es bedeutet daher eine traurige Verarmung des Menschen, wenn wir unseren Kindern dieses sinnlich Wahrnehmbare der Oberfläche als das einzig Wahre beibringen.

Optimale christliche Erziehung wird daher eigentlich erst dann wieder möglich, wenn die Erzieher selbst von ihrer „Verkopfung" befreit werden. Die Voraussetzung dafür ist, daß sie es wieder lernen, auch ihr Gefühl als seelische Wirklichkeit zu betrachten. Da wir alle mit rationalem Denken vollgestopft sind, zu dem wir planmäßig erzogen wurden, müssen wir zunächst einmal den Intellekt zu Hilfe nehmen. Die Blockierung durch wissenschaftliche Erkenntnisse, die den Glauben lähmt, kann für den modernen Menschen z. B. durch bewußtmachende Interpretationen aufgelöst werden. Hier Abhilfe zu schaffen, ist eine ganz dringliche Aufgabe der Kirche!

Tiefenpsychologen haben es verhältnismäßig leicht, solche Zugänge wieder zu eröffnen. Wir brauchen eigentlich die Menschen nur zu bitten, sich ihre Träume zu merken und aufzuschreiben. Wir wissen, daß die Träume eine wichtige Funktion in unserem Leben haben. Erfaßt der Mensch erst einmal, daß Seele sich in Traumbildern ausdrückt, daß sie keineswegs „denkt", so hat er einen neuen Zugang zu sich selbst und damit auch zu der Bilderwelt der Bibel gefunden.

Erzieher, die bewußt das Gefühlsleben bejahen, können den Kindern in der magischen Entwicklungsstufe besser gerecht werden, denn die magische Welt ist nicht rational logisch, sondern bildhaft anschaulich. Darum ist es für ein kleines Kind z. B. keineswegs unverständlich oder grausam überfordernd, wenn wir ihm die Geschichte von Kain und Abel erzählen. Es kennt solche Beseitigungswünsche gegen den älteren oder jüngeren Bruder! Auch bei Jakob und Esau findet er bildhaft Ähnlichkeit mit eigenem Erleben. Diese Geschichten schaden den Kindern nicht, sie machen es ihnen möglich, Orientierungshilfen zu finden und mutig neue Entwicklungsschritte zu vollziehen. Natürlich geschehen solche Vorgänge unbewußt, genauso wie bei Erwachsenen mit Hilfe von Träumen seelisches Gleichgewicht wiederhergestellt und fördernde Impulse geweckt werden. Engel und Teufel, das Böse, Ochs und Eselein, die Tiere im Alten und Neuen Testament, sind nicht an das Kind von außen herangetragene Gestalten, sie liegen bei ihm angeborenerweise vor. Darum brauchen wir keine Angst zu haben, Kinder in eine „unwirkliche" Welt zu führen.

In dieser Erziehungsarbeit ist das Erzählen von biblischen Geschichten besser als das Vorlesen, weil die Kinder dann einen unmittelbaren Kontakt zu den Erwachsenen haben. Sie brauchen auch gar nicht die Fülle der vielen verschiedenen Reize, wie sie der Fernsehapparat im Überfluß bietet, sie wollen die gleiche Geschichte immer wieder in derselben Form hören.

In der Bildersprache der biblischen Geschichten sind Wahrheiten ausgedrückt, zu denen das Kind noch einen unmittelbaren Zugang hat. Das Kind im Vorschulalter ist in der Bilderwelt der Seele noch direkt zu Hause. Deshalb ist es ganz unnötig, die biblischen Geschichten zu erklären oder umzudeuten. Wir können ganz beruhigt sein: die Kinder verstehen die Geschichten, wenn wir sie kurz und eindringlich bringen, viel besser als wir Erwachsenen. Allerdings ist es wichtig, die Texte so gut zu erzählen, daß das Kind mit Interesse zuzuhören vermag. Die vielen vorzüglichen Kinderbibeln können uns hier eine gute Hilfe leisten. Von der Bilderwelt der Bibel gehen Wirksamkeiten aus, die wir modernen Menschen, die wir alle im naturwissenschaftlichen Geist erzogen worden sind, gar nicht abschätzen können. Es ist wichtig, daß unsere Kinder mit dieser Nahrung, mit der Speise der Seele, genährt werden. Sie kann den festen Grund bilden, auf dem sie geistig stehen und weiterwachsen können. Welchen Sinn die Bilder und Gebete der Kindheit haben, merkt man vielleicht erst im hohen Alter, vielleicht erst in der Sterbestunde.

So können es Kinder zum Beispiel noch gefühlsmäßig erfassen, obgleich sie es mit dem Kopf absolut nicht verstehen, daß es Christus ist, der sie Weihnachten geheimnisvollerweise beschenkt. Das ist eben die tiefere Wahrheit, nämlich die, daß uns das Leben nicht einfach von Vater und Mutter her durch Zeugung zuteil geworden ist, sondern es darüber hinaus ein erlösendes Leben zur Ewigkeit gibt, ein „himmlisches" Geschenk, ein Mysterium, dessen wir uns immer wieder erinnern müssen. Das ist weit mehr als alles, was eine moderne Interpretation des Weihnachtsfestes als menschliches Schenkfest mitgeben kann. Weihnachten ist ja das Fest des Lebens, das den Tod, die Ursache all unserer Ängste besiegt.

Und auch die Schöpfungsgeschichte hat einen tieferen Wahrheitskern als die Evolutionstheorie der Naturwissenschaften. Auf jeden Fall steht es nicht im Widerspruch zu ihr, daß wir Menschen einerseits aus Leib, aus Materie, die Bibel sagt: aus Lehm gemacht sind, daß uns aber der Schöpfer Gott seinen Geist, eben sein Pneuma einhauchte, jenen Geist, der frei ist – so frei, daß uns solche Irrtümer passieren können wie eine verkopfte Kindertheologie. Würden wir den Ausspruch Christi ernster nehmen, so würden wir uns mit Ehrfurcht von den Kindern belehren lassen, statt sie in unberechtigtem Hochmut immerzu belehren zu wollen. Wir sollten ihnen die großen Wahrheiten vermitteln, aber dann zuhören, was sie daraus machen, wie sie die Noah-, die Sintflut-, die Weihnachtsgeschichte zeichnerisch oder spielend darstellen, wie sie fragen oder was sie uns von ihrem noch ganz tiefen seelischen Wissen erzählen. Nur wenn wir die Weisung Christi in diesem Sinne ganz ernst nehmen, haben wir die Aussicht, unseren Kindern gerecht zu werden, anstatt – sie verklopfend – zu manipulieren. Nur so haben wir Aussicht, daß die Wahrheit der Bibel in ihnen lebendig wird, nur so haben wir die Chance, unseren Auftrag zu erfüllen, gute Gärtner der Schöpfung zu sein, seinen Kindern zu der ihnen eigenen Entfaltung zu verhelfen. Kindergottesdienstarbeit darf nicht verfrühte, verkopfte Seelenverstümmelung sein – Kindergottesdienstarbeit ist sorgsamer Dienst in liebender, ehrfurchtsvoller Behutsamkeit. Man sollte im Kindergottesdienst auch noch viel mehr dazu übergehen, biblische Geschichten in Laienspielform einzuüben und aufzuführen. Diese ritualisierte Form des Einprägens ist für fünf- bis zwölfjährige Kinder viel angemessener, als intellektualistisches Diskutieren und theologisches Ausdeuten. Der Text prägt sich besser ein, und die Notwendigkeit der Identifikation gibt viel mehr Möglichkeiten, mit der großen Wahrheit der Bibel vertraut zu werden. Singspiele etwa in der Art von Carl Orff haben sich in der Kindergottesdienstarbeit vorzüglich bewährt und sind eine großartige Möglichkeit, die einseitige Intellektualisierung der Kinder abzubauen.

Auch die Pflege des Gebetes zu Tisch und beim Schlafengehen ist eine Möglichkeit zum Erleben und Hineinwachsen in eine ehrfürchtige Einstellung. Es ist nicht wahr, daß Kinder im Vorschul- oder im Grundschulalter keinen Sinn für das Ritual haben. Im Gegenteil: sie wollen sich in vorgebahnten Strukturen geborgen wissen. Bildersprache ist in diesem Alter Muttersprache, und für das Ritual besteht ein elementares Verständnis.

Aber zeitgemäße christliche Erziehung muß noch einer zweiten zeitgemäßen Gefahr begegnen: der großen Gefahr, daß Kindern die Voraussetzungen, glauben zu können, nicht mehr gegeben werden. Glauben an das große unsichtbare Du hinter unserer Weltentür hat eine Voraussetzung: daß das Gefühl, die Seele, die Intuition eines Menschen, auf die hin er angelegt ist, sich auch entfaltet. Dem Menschen müssen seine Antennen verfügbar sein, um die Botschaft Gottes, seine Antworten auf unser Fragen aufnehmen zu können. Die Antworten Gottes, die personale Verbindung zu ihm, laufen nicht über unseren Intellekt, nicht über unser Großhirn, sie sind eine Sache des Gespürs, des Seelenorgans für die Verbindung. Diesem Seelenorgan muß zur Entfaltung verholfen werden. Es kann durch Vernachlässigung und falsche Behandlung unterentwickelt bleiben, es kann verkümmern – und damit verkümmert dann auch die Möglichkeit zu vertieften Einsichten, zum Hindurchschauen durch die Oberfläche des Lebens, hinein in seine inneren Zusammenhänge. Naturvölker, so berichten uns die Ethnologen, besitzen diese Fähigkeit der Intuition noch in großem Maße, auch manche ostasiatischen Völker, zum Beispiel die Japaner. Und es läßt sich bei genauem Hinsehen auch ausmachen, woran das liegt: diese Menschen werden als Kinder ganz leibnah bei ihrer Mutter gehalten. Die meisten werden im ersten Lebensjahr sogar im Tuch getragen. Diese Kinder lernen das

Lieben, das Danken, das Fühlen, das Erspüren durch die leibnahe Zuwendung ihrer Mutter, durch deren Horchen und Hinwenden, durch ihr Erspüren des Kindes.

Diese Voraussetzung zum Glauben geht durch falsche Pflege unserer Kinder bei vielen Menschen verloren! Das ist eine furchtbare Gefahr. Der Haß in der Welt wird vermehrt, wenn wir durch Mutterferne die Voraussetzung zur Gefühls- und Glaubensentwicklung des Menschen mindern. Die Mütter sind die ersten Statthalter Gottes für die künftige Generation; deshalb muß zeitgemäße christliche Erziehung in der Sorge bestehen, daß die Mütter – glücklich über die Vielseitigkeit ihrer großen Aufgabe – auf ihrem Posten stehen!

Schon 1792 konnte uns Pestalozzi eine Weisheit vermitteln, die uns heute abhanden gekommen ist, die wir neu lernen müssen, wenn der Glaube und damit die Menschheit Zukunft haben will: „Wie kommt es, daß ich an Gott glaube, daß ich mich in seine Arme werfe, daß ich mich selig fühle, wenn ich ihn liebe, wenn ich ihm vertraue, ihm danke, wenn ich ihm folge? Das sehe ich bald. Die Gefühle der Liebe, des Vertrauens, des Dankens, die Fertigkeit des Gehorsams müssen in mir entwickelt sein, ehe ich sie auf Gott anwenden kann. Ich muß Menschen lieben, ich muß Menschen trauen, ich muß Menschen danken, ich muß Menschen gehorsamen, ehe ich mich dazu erheben kann, Gott zu lieben, Gott zu vertrauen und Gott zu gehorsamen. Ich frage mich: Wie kommen die Gefühle, auf denen Menschenliebe, Menschendank, Menschengehorsam wesentlich ruhen..., in meine Natur? Ich finde, daß sie hauptsächlich von dem Verhältnis ausgehen, das zwischen dem unmündigen Kinde und seiner Mutter statthat."

Diese Worte könnten ebensogut aus einer modernen Untersuchung über die fehlende Glaubensbeziehung Krimineller stammen; denn bei ihnen zeigt sich im Jugendalter häufig eine Art Gewissensverkümmerung und Glaubenslosigkeit, die sich als Folge der fehlenden Nestwärme und der unzureichenden Ausbildung des Urvertrauens entwickelt. Der Weg zum Glücklichsein, zur Lebenserfüllung durch Liebe und Arbeit und zu eigener Opferbereitschaft, das Gespür für den Sinn des Opfergedankens im Christentum, sind ohne die Opferbereitschaft der ersten Bezugspersonen nicht zu verwirklichen.

Ohne opferbereites Muttertum ist die gesamte Zukunft unseres Kollektivs gefährdet. Das Opfer, gegen alle Versuchungen zu Hause zu bleiben, solange die Kinder klein sind, zahlt sich aus. Es macht sich schon durch die Freude an den Kindern, an ihrem Gedeihen, an ihrer leichten Lenkbarkeit bezahlt.

Eine zweite Voraussetzung und Vorbahnung zu religiösem Erleben ist eine gütige und starke Vaterfigur in der Kindheit. Unmündige Kinder brauchen väterliche Autorität als Vorbereitung für eine ehrfürchtige Einstellung zu Gott. Kindern, die einen echte Autorität bekundenden (nicht falsch sich autoritär gebärdenden) Vater erlebt haben, wird es leichter, Ehrfurcht zu Gott zu entfalten. Nur ein starker Vater kann dem noch schwachen Kinde Schutz geben. Aber auch der entwicklungspsychologisch notwendige Ungehorsam der Trotzperioden kann ohne das Verbot nicht zur Entfaltung kommen.

Wir machen die Erfahrung, daß Kinder, die heute in einer „laissez-faire"-Atmosphäre erzogen werden, ihre Eltern keineswegs als gütige, freilassende, zur Demokratie hinführende Erzieher verstehen, sondern daß sie sie einfach mißverstehen als die Gleichgültigen.

Es gehört zum Erfahren des Wesens von Schöpfung, daß die Menschen lernen, daß ihr expansives Machtstreben auf Grenzen stößt. Wenn wir das unseren Kindern vorenthalten, vermitteln wir ihnen erstens ein falsches Bild der Realität hier auf dieser Erde und zweitens zugleich ein falsches Bild von Gott. Das aber ist etwas, was sich der Mensch außerordentlich schlecht leisten kann.

Ein Mensch, der mit der Vorstellung aufwächst: Mein Ego und seine Rechte sind der Mittelpunkt der Welt – alle Mächte über mir sind falsch und böse, weil sie mich an meiner schrankenlosen Ich-Ausweitung hindern, hat keine Chancen, sich in dieser Welt mit den anderen zu arrangieren. Er hat erst recht keine Chancen, in eine demütige Einstellung zu kommen zu den Dingen, die mächtiger sind als der Mensch, und auf dieser Basis einen realitätsgerechten Stand zu beziehen zu Gott.

Der wesentliche Kern der Erziehung zum Glauben muß also bereits in den ersten Kinderjahren, im Erleben der Elternfiguren, liegen. Jede noch so gekonnte Unterweisung im Schulalter wird vergeblich sein, wenn nicht eine positive Gefühlserziehung den Boden für sie bereitet hat. Nur ein Kind, das in einer bergenden, beglückenden, aber auch Grenzen setzenden Weise religiöse Urphänomene an den Eltern lebendig erfahren hat, kann im Grundschulalter Aufgeschlossenheit zeigen für das Mysterium biblischer Bilder.

In bezug auf moralische Unterweisung sollte christliche Erziehung außerordentlich vorsichtig sein. Es kommt darauf an, daß wir die Dinge *selbst* wirken lassen. Wir dürfen nicht Religion und Moral predigen, sondern wir müssen sie *leben*, und wir dürfen schon gar nicht unsere Kinder durch Ängstigung mit Hilfe von religiösen Inhalten in ein moralisches Korsett einschließen. Als geradezu unmoralisch muß es angesehen werden, überirdische Instanzen bei kleinen Kindern als Erziehungsmittel zu verwenden. Besonders bei phantasiebegabten und sensiblen Kindern kann es auf diese Weise zu Schockerlebnissen kommen. („Der Teufel wird dich holen, wenn…") Wir können christlichen Altruismus im Erwachsenenalter nicht erreichen, wenn wir die Kinder überfordern. Sie sind ja zunächst noch kleine Wilde. Sie müssen durch die Stufen des Egoismus und auch des Besitztriebes erst allmählich hindurchwachsen, ehe sie das Gefühl haben können, als Erwachsene so stark, innerlich so reich zu sein, daß sie abgeben und wirklich mitmenschlich sein können.

Wer vom Kleinkind autoritär fordert: „Gib ab, uns gehört alles zusammen", erzieht keine Liebenden. Es ist eine große Gefahr in christlichen Gemeinden, daß man mit altruistischen Forderungen zu früh ansetzt. Wir sehen dieselben Schwierigkeiten auch heute bei den Kommunen, wo Kinder zu absoluter Besitzlosigkeit erzogen werden sollen. Diese Kinder werden überhaupt nicht sozial, sondern ganz entschieden habgierig, weil sie niemals erlebt haben: dieser kleine Bestand gehört mir, den kann mir keiner streitig machen! Sie werden später immer wieder von ihrem Besitztrieb überflutet. Aus einer lebensnotwendigen Protesthaltung heraus sind viele Pfarrerskinder Atheisten geworden, zum Beispiel Nietzsche, Strindberg und Benn. Vor lauter Opposition gegen eine Überforderung können sie das Gold des Schatzes, das ihnen in der Kindheit geboten worden ist, nicht mehr sehen. Bei aller Erziehung, besonders aber bei der, die Gefühl wecken will, gilt der Satz: „Alles zu seiner Zeit – und alles mit Maß."

Zusammenfassend läßt sich sagen: Zeitgemäße christliche Erziehung sollte heute bestehen:

1. in einem Kampf gegen die Intellektualisierung der modernen Menschen,

2. im Erleben von Leitbildern in den Erziehern,
3. im Heranführen und Verstehbarmachen von Glaubensin-
   halten und biblischen Bildern.

Kein Erzieher wird das Kind mit Religion impfen können, ja
er wird es nicht einmal dürfen. Er kann letzte Gnade nicht
schenken. Dringlicher als je ist es heute, den Zugang zur Religion zu schaffen und ihn offenzuhalten. Das bedeutet aber
auch, daß der Erzieher um die Begrenzung seiner Kompetenz
wissen muß und daß er sie in der Achtung vor dem Kind und
in der Beschränkung auf den kleinen Bereich des ihm Möglichen in ehrfürchtiger Treue zu Gott und seinem erzieherischen
Auftrag wahrt.

Der Mensch auf der Suche nach Orientierung

Es gibt Straßenkreuzungen, die einen Autofahrer, der sich in Neuland befindet, zur Verzweiflung treiben können. Ein Schilderwald weist gelb, blau und weiß in die verschiedensten Richtungen, ein gleicher Städtename prangt auf Schildern, die sowohl nach links als auch nach rechts zeigen; unbekannte Orte lassen sich entziffern, aber der, den man sucht, ist nicht darunter. Ungeduldige Autofahrer mahnen den Zögernden hupend, sich zu entschließen. Der tut das unter dem Druck der Situation mehr oder weniger kopflos; denn er hat anhand der Fülle von Wegweisern keine Möglichkeit gehabt, sich richtig zu entscheiden. Er hat die Orientierung verloren. Was tut er, wenn nicht irgendeine erneute Bezeichnung Erleichterung bringt? Er muß einen Mitmenschen suchen, der so ausschaut, als habe er ein wenig Übersicht, er ist genötigt, nach dem Weg zu fragen.

In einer vergleichbaren Situation sind viele Menschen heute. Früher gab es für die meisten nur *eine* Straße, sie war gewiß nicht vierspurig, sondern schmal, holprig, ja vielleicht auch schmutzig oder sandig-unbefestigt; aber sie führte zum Ziel in geradliniger Mühsal.

Der Mensch in den hochzivilisierten Ländern heute steht auf seinem Lebensweg oft genug vor jenen irritierend beschilderten Kreuzungen, vor einer verwirrenden Vielfalt der Möglichkeiten und weiß darüber hinaus häufig nicht einmal mehr sicher, wo er eigentlich hin will. Auch er wird getrieben vom gehetzten Leben, das automatisch nach vorne drückt und ins Ungewisse hineinnötigt.

Dennoch hat diese Situation einen Vorteil: der Orientierungslose beginnt zwangsläufig zu fragen. Viele Menschen heute sind Suchende, weil ihnen die Orientierung verloren ging. Und ich wurde oft in die Rolle dessen gedrängt, den man nach dem Weg fragt. Weiß ich die Antwort? Ich will versuchen, aufgrund meiner Erfahrungen mit dem Umland, in dem ich zu

Hause bin, mit meiner Praxiserfahrung als Psychagogin ein wenig voranzuhelfen, sicher nicht für alle künftigen Stationen des Lebensweges; sicher kann ich nicht mehr tun als ein Einheimischer, der dem fremden Autofahrer sagt: „So kommen Sie erst einmal weiter, vielleicht bis zur zweiten, dritten oder vierten Kreuzung oder Stadt oder Ampel, dann müssen sie wahrscheinlich noch einmal weiterfragen."

Zunächst muß uns in diesem Zusammenhang die Frage beschäftigen: Woran liegt es, daß der Mensch heute so orientierungslos, so unsicher geworden ist?

Das liegt zunächst einmal ganz gewiß daran, daß man viele alten Zäune und Grenzpfähle niederriß. Es liegt daran, daß wir im Zuge einer mächtigen Befreiungsbewegung, die im Grunde bereits mit der Französischen Revolution einsetzte, fortwährend dabei sind, Tabus aufzulösen, Gesetze zu lockern, kollektive Moralvorschriften in Frage zu stellen und nach der freien Entscheidung jedes einzelnen zu rufen. Dieser Trend ist an sich begrüßenswert. Es darf gewiß das berechtigte Ziel der Menschheit sein, sich zu mündiger, eigenständiger, verantwortungsbewußter Freiheit zu entfalten. Der Mensch, einerseits eingebunden in die Zwänge seiner Physiologie und Lebensnotwendigkeit, ist aufgrund seiner Begabung mit Geist daraufhin angelegt, ein Leben in mündiger Freiheit anzupeilen. Das ist bereits daran zu erkennen, daß der Antrieb nach Befreiung in jedem gesunden Menschen als ein starker Antrieb lebendig ist. Aber es ist anmaßend und töricht zu glauben, wir könnten dieses Ziel erreichen, indem wir in anarchistischer Manier proklamieren: Von heute ab haben alle Menschen frei zu sein. Jede Vorschrift, jedes Gesetz, jede Übereinkunft zur Ordnung wird aufgelöst. Sie war allein zu Unterdrückungszwecken errichtet worden. Ab heute kann jeder Mensch tun und lassen, was er will!

Ich stelle diesen Trend etwas überspitzt dar, damit so klar wie möglich gesehen werden kann, daß wir uns mit unserer modernen Emanzipationsbewegung in vielen Bereichen gerade so benehmen; damit man erkennt, daß man durch blinden Eifer einer an sich guten Sache schaden kann, damit man besonnen danach zu fragen beginnt, woran es liegt, daß heute immer mehr Menschen orientierungslos Suchende werden. Man kann ein Ziel nicht einfach für den Weg nehmen, man kann Freiheit nicht stehenden Fußes fordern, man kann sie nicht diktatorisch oder gar gewalttätig zur verabsolutierten Vorschrift machen. Die Wege zur Freiheit müssen besonnen, behutsam und vorsichtig gebahnt werden. Wer alle Bahnungen aufhebt, wer alle Wegweiser abreißt, kann keineswegs hoffen, daß die Menschen darüber zufrieden und glücklich werden. Künstlich gesetzte Freiheit ohne Beobachtung ihrer Voraussetzungen schleudert den Menschen in die Orientierungslosigkeit. Er steht ohne die Fähigkeit, unterscheiden und sich damit entscheiden zu können, vor einem Wirrwarr der Möglichkeiten, so daß er schweißgebadet permanent in fundamentale Angst gerät. Denn Freiheit will gelernt sein. Die Fähigkeit zu mündiger Selbstbestimmung ist nur sehr schwer erringbar. Sie setzt viel Lernen, Reifen und Geleitetwerden voraus. Ohne Wissen und Überblick entsteht nicht die Fähigkeit der Urteilsbildung. Ungeduldig gesetzte, statt gewachsene Freiheit bewirkt unerträglich altkluges Vor-Urteil. Der Mensch unseres Kulturkreises kannte in den vergangenen Jahrhunderten im allgemeinen solche Schwierigkeiten nicht. Er war durch die Sittenvorschriften der Kirche, durch eine strenge Gesetzgebung und eine mit diesen Vorschriften identifizierte Gesellschaft nicht nur fest eingebunden, sondern auch vor Orientierungslosigkeit, Ausschweifungen und Vorurteil beschützt. Blieb er auf dem klar vorgezeichneten Weg, konnte er in Frieden seine Straße ziehen; Grenzpfähle dieser Straße bestanden in ausgeschriebenen oder ungeschriebenen Vorschriften; das Ziel war überall klar ausgeschildert: ein gottgefälliges Leben zu führen und allmählich auf ihn zuzugehen, sich vor ihm jenseits des Lebens zu verantworten, von ihm Lohn oder Strafe entgegenzunehmen. Dennoch konnte diese Lebensform für den Menschen nicht für alle Zeiten der Weisheit letzter Schluß sein. Unfreiheit verdummt. Aber der Mensch ist zur Freiheit und Selbstverantwortung berufen. Deshalb war es eigentlich nur folgerichtig, daß dieses Ziel von der Philosophie, Naturwissenschaft, Soziologie und Psychoanalyse her bereits gegen Ende des vorigen Jahrhunderts in Frage gestellt, so oft scharf als beweisloser Unsinn, als Illusion dumm-unmündiger Menschen diffamiert worden ist. Dem modernen Menschen ist statt des *einen* Wegweisers ein Schilderwald vor die Nase gesetzt worden. Es gibt nun Straßen zur Lust, zum Glück, zur Bequemlichkeit, zur Betäubung, zur Solidarität, zur Gleichheit, zur Berechtigung, zum eigenen Belieben, vor allem zur Freiheit eben in aller schillernden Pluralität.

Dieser Schilderwald wird dem modernen Menschen zur Not. Da ein Richtiges nicht mehr von einem Falschen unterschieden wird, begibt er sich wild kurvend ins Experimentierfeld von Versuch und Irrtum und stellt dann oft beklommen fest, daß er nur mühsam und mit zerbeultem Fahrzeug schlüpfrigen Irrwegen, Sackgassen und Fallen entging. Der Weg zur Lust führte ihn in den Überdruß, oft zu frühem Verschleiß, zu seelischer und körperlicher Erkrankung; der Weg zum Geld brachte ihm Leere und Langeweile ein, der Weg zu Bequemlichkeit machte ihn fett, geistesträge und übellaunig, der Weg zur Gleichheit endete in der steil abfallenden Schlucht zur Ungerechtigkeit, statt in die Gerechtigkeit zu führen. Die ungebundene Verwirklichung des Lustprinzips – Urvater Freud, der dieses Wort konzipierte, wußte das noch ganz genau – führt eben nicht im TEE-Tempo in die Freiheit, sondern statt dessen in die Sackgasse der Süchte und Gefangenschaften durch sie. Der Liberalismus als verabsolutiertes Prinzip ist törichte Überheblichkeit, steht auf dem Niveau der Dreijährigen, die füßestampfend den eigenen Willen, zu den lieben Enten ins Wasser zu gehen, durchzusetzen trachten, ohne zu erkennen, daß dieses Durchsetzen ihres Eigenwillens ihren Untergang im wahrsten Sinne des Wortes bedeuten würde, weil sie eben noch sehr unreif sind, ihre Grenzen nicht erkennen können und damit nicht die Möglichkeit haben, ihre Lage zu übersehen und ihr Leben eigenständig ausreichend zu beschützen. Liberalität setzt grundsätzlich moralische Kraft und Wissen um die eigenen Grenzen voraus. Liberalität nur als gelebte Befreiung *von* etwas führt immer zu neuen Diktaturen. Wissen dieser Art haben die Menschen im Laufe ihrer Kulturentwicklung auf dem Weg über Versuch und Irrtum mühsam zu entwickeln gelernt. Die Folge dieser Erkenntnisse waren ihre Tabus, war schließlich ihre Gesetzgebung. Sie ermöglichte allen Menschen die ihnen dringend notwendige Orientierung. Aber unser Modetrend erachtet es nicht mehr für nötig, diese Erfahrungsbasis der Vergangenheit, wie sie in der Geschichte der Völker niedergelegt ist, zu studieren, kennenzulernen und sie auf ihre Bedeutung und Gewichtigkeit für die Menschen der Gegenwart hin zu überprüfen. Man hält unsere Zeit für so ungewöhnlich wunderbar, daß jede Beschäftigung mit den Erfahrungen der Alten als Zeitverschwendung erscheint. Der neophile Trend unserer Zeit glaubt alles besser zu wissen und verfällt durch den Abbruch mit der

Tradition nur allzu leicht in neue Demagogie. Diese dumme Überheblichkeit unserer Zeit, die einfach nur für gut erklärt, was neu ist, wird hohe Preise, wenn nicht den Preis unseres Daseins kosten; denn Freiheit will durch ein langes Leben vorbereitet sein; sie hat die Erkenntnis zur Voraussetzung, daß man dankbar die einengenden Bandagen als Schutz erlebt und annimmt. Der echte Mündige weiß um seine Verführbarkeit. Er ist nicht so sicher, sich unumschränkt als den Herrn im eigenen Haus zu wissen. Er weiß, wie leicht seine Beherrschtheit, seine Möglichkeit, sich zu steuern, anfechtbar ist, wie leicht hemmungsloser Zorn, verzweifelte Trauer, lustvolle Gier das Gefüge seiner Ordnung angesichts von Schicksalsschlägen oder Versuchungssituationen verstören können. Der echt Mündige kennt die Mächte in sich und um sich. Er fühlt sich nicht zu klug, Wissen dieser Art als Quelle der grundlegenden Hochkultur der Griechen zu erkennen und daraus zu lernen. Er weiß, daß äußere Notlosigkeit durch Geld und Unabhängigkeit ihn nicht automatisch mit Freiheit beschenkt. Er kennt und respektiert die Gefahren der Ungebundenheit. Freiheit wirklich leben zu dürfen ist eine Frucht solch reifen Wissens. Sie ist ohne viele Durchgangsstufen nicht zu erklimmen, ist ohne sehr behutsame, sehr bewußte Erziehungsprogramme nicht zu erreichen.

Dieses Wissen ist uns in der Pädagogik heute vollkommen abhanden gekommen. Wir verstören unsere Kleinkinder dadurch, daß wir es ihnen unmöglich machen, sich am Vorbild der Erwachsenen zu orientieren, indem wir ganze Wohnungen zu einem Kinderzimmer machen, ihnen keine Grenzen setzen und ihnen in einer pervertierten Schulpädagogik ihr natürliches Suchen nach Vorbildern planmäßig vermiesen.

Wir kokettieren intellektualistisch mit der Gewalt: gelegentlich sei es doch gut, sie zu gebrauchen, sie sei auch ganz leicht etwa durch eine allgemein eingeführte totale Gerechtigkeit oder durch eine laufenlassende Kindererziehung aus der Welt zu schaffen. Das ist eine liliputanerhafte Unterschätzung der ungeheuerlichen Mächtigkeit des Urantriebes zur Selbstbehauptung, der ungebremst nur allzu rasch zur bösen Aggression oder Invasionsbereitschaft werden kann.

Wir hätscheln die Sexualität und füttern sie mit abzuschaffenden Abtreibungspragraphen, mit Scheidungserleichterungen, mit Pillengetöse und merken nicht, daß diese ungeheuerliche Urkraft ein Riesendämon zu werden vermag, der die hochmütigen Liliputaner mit einem einzigen Riesenschwapp seines Maules zu verschlingen vermag. Unglück, Elend, Verzweiflung, Krankheit, Überdruß, Untergang – wie oft ist das der Preis für die Maßlosigkeit und die Ehrfurchtslosigkeit vor diesem Naturtrieb in uns und um uns!

Wenn wir je in Eigenverantwortung ein großes Ausmaß an Freiheit ertragen und mit ihr abgewogen umzugehen lernen wollen, brauchen wir eine behutsame Erziehung auf dieses Ziel zu, eine Erziehung, in der der Mensch sich zu orientieren lernt. Die Voraussetzungen dazu sind 1. eine möglichst große seelische Stabilität, 2. eine erhebliche Breite an Information über unsere Lebenszusammenhänge in der Gegenwart und unser Gewordensein in der Vergangenheit und 3. Kenntnis über das Wesen des Menschen, um einen höheren Grad an realitätsgerechter Bewußtheit zu erreichen, 4. ein Nachdenken über Lebensziel und Lebenssinn.

Wie ermöglichen wir es unseren Kindern, auf ihrem Weg durch die ersten Lebensjahre Orientierungen zu finden?

Die erste Voraussetzung der Möglichkeit, sich später orientieren zu können, ist Konstanz, Verläßlichkeit und Schutz durch die Bezugspersonen. Denn der Mensch ahmt zunächst nur das Wesen nach, an das er sich im hilflosen Stadium seines ersten Lebensjahres gebunden hat. Die Grundvoraussetzung zur Lebensentfaltung: wie man sein Leben erhält, wie man sich beschützt, wie man seinen Lebensraum erweitert und seine Kräfte und Begabungen übt und steigert, nimmt den Weg über die Nachahmungsbereitschaft und Lernwilligkeit, die eine Folge des Gefühls von Bindung, Zuneigung oder Abhängigkeit ist. Aus diesem Urvertrauen und dieser Urbindung wächst ein allgemeines Vertrauen auch gegen andere Personen, ja ein Vertrauen auf das Leben. Nur auf dieser Basis kann der zweite fundamentale Schritt zu weiterer Orientierung erfolgen: die globale Erfahrung, daß der eigene Wille an eine Grenze stößt, daß dem eigenen Ausweitungsbedürfnis die Interessen der anderen entgegenstehen und es einschränken kann. Erfahrungen dieser Art zu machen, gehört in die Altersstufe der Kleinkinderzeit, und es gehört dort zu den Aufgaben der Erziehung, die Kinder an der Erfahrung zu lehren, daß die Bäume nicht in den Himmel wachsen können.

Erste inhaltliche Orientierungsmarke wird das Bewußtwerden der Geschlechtsrolle etwa um die Fünfjährigkeit herum. Sie wird aber nur errichtet, wenn für den kleinen Jungen ein Mann, für das kleine Mädchen eine Frau vorhanden ist, zu denen man aufblicken, mit denen man sich aus Sympathie identifizieren kann. Die Orientierung, ein Mann werden zu wollen wie Vater, eine Frau werden zu wollen wie Mutter ist eine wesentliche Voraussetzung zur seelischen Gesundheit, das heißt zu einem Leben ohne schwere irritierende Ängste, zu einer Teilzielvorstellung, die von fundamentaler Wichtigkeit ist. Auch hier müssen endogene Bereitschaften auf exogene Antworten durch erwachsene Vorbilder treffen. Mütterlichkeit, Pflegebereitschaft, die Lust zum Umsorgen, Entwicklung des Sinnes für Schönheit liegen in dem kleinen Mädchen bereit und wollen verwirklicht werden. Sich und die Umwelt zu verteidigen, zu erobern, zu kämpfen, Beute zu machen wird zum lustvollen Antrieb der Jungen im Grundschulalter. Es ist nicht wahr, daß diese Interessen nur durch die Umwelt eingebahnt werden. Die Mädchen suchen ohne Manipulation nach diesen, die Jungen nach jenen Spielen, und sie ahmen die Personen nach, die ihnen dabei Vormacher sind. Freilich wird Orientierung mächtig erschwert, wenn diese erwachsenen Vormacher modischerweise ihre Rollen vertauscht haben, wenn der Mann Hausarbeit leistet, wenn die Frau als Automechanikerin arbeitet. In dieser Hinsicht machen wir aufgrund unserer Egalitätsideologie heute gefährliche Fehler. Eine sichere Identifikation mit der angeborenen Geschlechtsrolle ist eine dem Menschen lebensnotwendige Orientierungsmarke, ohne die er in große Nöte, in Sexualneurosen und sogar in Perversionen geraten kann.

Orientierung durch Hineinwachsen in die Bewältigung der Realität gehört zu den Aufgaben der Grundschulzeit. Um sich in dem Kulturkreis, in den man hineinzuwachsen hat, zurechtzufinden, ist es notwendig, seine Grundelemente zu lernen. Deshalb ist es leichtfertiger Unsinn, das Lernen der Kulturtechniken Lesen, Schreiben und Rechnen, Werken und Handarbeiten nicht mehr in den Mittelpunkt der Grundschularbeit zu stellen. Die Sicherheit, die die Kinder hier erwerben, ist eine Voraussetzung dafür, daß sie sich später auch in aufbauenden Bereichen dieser Art zurechtfinden können. Wissensvermittlung ist eine notwendige Aufgabe von Schule und Elternhaus für die zehn- bis sechzehnjährigen Kinder. Die Grundgegebenheiten der Naturgesetze, die Fundamente unserer Kultur, sollten in *diesem* und in keinem anderen Lebensalter gelegt werden; denn ein seelisch gesundes Kind hat gerade in dieser Phase eine enorme, später nie wieder erreichbare Gedächtnisbereitschaft. Sie nicht zu nutzen ist keine fabelhafte Erfindung im modischen Erziehungstrend, sondern eine Unterlassungssünde, die bewirkt, daß immer weniger Menschen für den Status mündiger Erwachsenheit vorbereitet werden. Nur wer seinen Standort sehr genau kennt, ist in der Lage, sich klar zu orientieren.

Spätestens in der Adoleszenz hat eine Integration all dieser vorbereitenden Schritte zur Orientierung zu erfolgen. In dieser Stufe sollte der Mensch etwas über die Grundstruktur seiner Seele erfahren, über sein so im Vordergrund stehendes Ego, über die Mächtigkeit seiner biologischen Antriebe und über jenes steuernde System, das wir Gewissen nennen. Hier spätestens sollten die Jugendlichen ins Bewußtsein bekommen, warum dieser Drang, nicht nur um sich selbst zu kreisen, jetzt so mächtig in ihnen erwacht: daß dieses ihr Verantwortungsgefühl für die anderen der Motor ist, an der Zukunft der Welt mitzuarbeiten. Dieser Trieb, eingewoben in die Entwicklungsstufe junger Erwachsenheit, hat seine Wurzel nicht mehr im vitalen Bereich; er ist geistiger Natur und läßt – meist noch durch viel Nebel der eigenen Unbewußtheit – das Ziel des Lebens aufleuchten, das für die Alten so einfach zu finden war: sich mitzubemühen, das Gottes Reich, sein Reich der Liebe, kommen kann. Es wäre Aufgabe der Erzieher, den Jungen zu helfen, den Nebel ihres Unbewußten zu vertreiben; aber das können sie nur, wenn sie selbst ein Gespür für das Weltziel entwickelt haben. Für die aufnahmebereiten Ohren der seelisch gesunden, nach Orientierung Suchenden gibt es hier viel zu lernen: alle Lebenserfahrung nötigt zu der Erkenntnis, daß kein Prinzip dieser Welt, nicht Besitz, Sexualität, ja nicht einmal die großen Werte Liebe, Gerechtigkeit, Freiheit, Gleichheit und Brüderlichkeit das *absolute* Lebensziel sind.

Jede Verabsolutierung dieser Werte ruft automatisch das negative Gegenprinzip auf den Plan: Gerechtigkeit wird, durch Gleichheit aller erzwungen, zur Ungerechtigkeit, Schrankenlosigkeit der Freiheit wird zum Zwang durch die Triebmächte, ja selbst die Liebe geht unter in Überforderheit und Lebensunfähigkeit, wenn die Menschen sie allein zum Zielpunkt ihres

Lebens machen. Unser Zielpunkt ist Gott, jenes Übermaß, in dem uns allen das Maß gesetzt ist, jenes Ausrichten auf ein Ziel, an dem wir unser Leben zu verantworten haben. Angesichts dieser Orientierung können wir so mündig sein, daß wir uns freiwillig den Gesetzen unterwerfen, so liebevoll, daß wir die Grenzen des uns Möglichen abzuschätzen vermögen, so ordnungsbemüht, weil wir das Chaos als das schöpfungsfeindliche Prinzip fürchten gelernt haben, so geborgen, daß wir die Fülle des Lebens zu leben wagen. Wer sich für dieses Ziel entscheidet, lernt es mit einem Schlag, von sich selbst abzusehen und sich auf das große Ziel hin zu orientieren: auf Gott hin zu lieben. Menschen, die es mit diesem Wegweiser wagen, gehen nicht in die Irre, finden das Ziel und dabei auch ihr Glück, ja sogar ganz unversehens sich selbst.

Gott setzt Maßstäbe

Ansprache in der Hauptversammlung des Kirchentages
auf dem Hesselberg 1975

Unsere Zeit ist eine ungewöhnlich lehrreiche Zeit. Die Erde
mit ihren vielen verschiedenen Gesellschaften gleicht einem
riesigen Laboratorium, in dem unter den variierten Bedingungen Großexperimente im Gange sind, die gewissermaßen erproben, welche Lebensform der Art Mensch am meisten angemessen ist. Mit Eifer stehen in den verschiedenen Gesellschaften viele Menschen, die Einfluß und Macht haben, an den
Schalthebeln dieses Großlaboratoriums Erde und erproben,
was man alles mit dem Menschen machen kann. Und unsere
durch die Technik so phantastisch erweiterten Möglichkeiten,
uns allesamt darüber zu informieren, was überall in der Welt
geschieht, läßt uns so rasch wie nie zuvor Erfahrungen sammeln, wie es zum Beispiel dem Menschen geht, wenn er in Freiheit und Wohlstand leben kann, wie es ihm geht, wenn man
ihn in straffe Diktaturen einordnet, wie es ihm geht, wenn man
ihm plötzlich einen eigenen Staat schenkt, was ihm zu welcher
Zeit bekommt oder nicht bekommt. Niemals je zuvor haben
wir durch das praktische Experiment so viele Erfahrungen über
den Menschen sammeln können, denn noch niemals hatte man
so viele Vergleichsmöglichkeiten und noch niemals wurde so
raschlebig, so phantasiereich Neues, Wechselndes und Vielfältiges erprobt. Das liegt, vor allem in den hochzivilisierten Ländern mit freier Wirtschaft, gewiß daran, daß es durch einen allgemeinen Wohlstand sehr viel mehr Möglichkeiten, sehr viel
mehr Freiheit zur Veränderung der Lebensformen gibt und
zum zweiten daran, daß uns sowohl die Naturwissenschaft wie
auch die anthropologischen Wissenschaften – Psychologie, Soziologie und Philosophie – mehr Bewußtsein über das Ausmaß
unserer Möglichkeiten vermittelt haben. Die Erfindungen und
Entdeckungen der Naturwissenschaft haben dem Menschen im
letzten Jahrhundert gezeigt, was für grandiose Gelegenheiten
er hat, die Natur zu beherrschen, zu nutzen und sie sich kraft

seines Verstandes dienstbar zu machen, sie in ihrer oft so grausamen Macht – man denke nur an die Seuchen – zu entschärfen und einzudämmen. Ein rauschhaftes Gefühl des Befreitseins ergriff die Menschen aufgrund dieser Errungenschaften – und das um so mehr, als die Wissenschaft vom Menschen herausfand, wie lernfähig dieses Wesen Mensch ist, was man alles mit ihm machen kann und besonders, als Stimmen laut wurden, die erklärten, Gott weder auf dem Mond noch im Atom gesehen zu haben, die mit befreiter Lust dem Menschen entgegenriefen: „Gott ist tot, wir brauchen dieses Phantom einer unsichtbaren Instanz nicht mehr. Der Mensch ist frei von der drückenden Sorgenlast, wie ein gottgefälliges Leben zu führen sei, um straflos zu bleiben vor dem obersten Richter. Nicht *Gott,* der *Mensch* ist das Maß aller Dinge." Dieser Geist der Emanzipation des Menschen von Gott war es, der die Erde in ein Versuchsfeld, in ein Laboratorium des Experimentierens mit sich selbst verwandelt. Großexperimente, die uns im Jahr 1976 bereits täglich Ergebnisse liefern. Die einen schwören nur auf die Fahne der Progressiven, die anderen auf die Fahnen der Konservativen oder Liberalen, die einen sind Sozialisten, die anderen Marxisten oder Rechtsradikale, Nationalisten oder Kommunisten. Wir Heutigen sind in der glücklichen Lage, uns anhand der Ergebnisse aus diesem Experimentieren vorurteilslos neu orientieren zu können. Das ist ein Vorteil unserer Situation, und wir sollten ihn hellwach nutzen.

Was hat es für Folgen, wenn der Mensch sich zum Maß aller Dinge macht? Er entdeckt zunächst, daß er der eigene Herr seines Lebens ist, daß er sein Leben einrichten kann, wie es ihm beliebt, daß er ein Recht darauf hat, es nach eigener Maßgabe zu gestalten. Er entdeckt weiter sehr schnell, daß Pflichten, Tabus, gesellschaftliche Normen ihm – wozu? gewiß um ihn nur auszunutzen – dieses Recht streitig machten und daß er sich, wenn er sein Leben nach eigener Maßgabe zu leben beginnt, um all diese Nötigungen nicht mehr zu kümmern braucht. Um was er sich nun tatsächlich kümmert, das hängt beim einzelnen Menschen ein wenig davon ab, welche Triebbedürfnisse bei ihm am stärksten sind. Bei dem einen ist es das Bedürfnis nach Besitz, bei dem anderen das nach leckerer Ernährung, beim dritten das nach Macht und Ansehen, beim vierten das süße Nichtstun, dem anderen ist das Schlafen oberstes Bedürfnis, dem nächsten das Sichputzen und Aufsehenerregen, ein anderer will vor allem so viele und verfeinerte Sexualität wie möglich. Die Erfahrung, die der moderne Mensch nun aber damit macht, daß er seine eigenen Bedürfnisse zum Maßstab nimmt, besteht vor allem darin, daß er auf diese Weise zunächst einmal keineswegs dauerhaft glücklich wird. Oft gerät er geradezu in eine süchtige Gefangenschaft, in den Sog von immer mehr Genuß von der Sorte, die bei ihm die Priorität hat, er wird freß- oder geldsüchtig, machtgierig, putzsüchtig oder sexualsüchtig. Aber selbst wenn er das vermeiden kann, wird ihm der ganze Zauber nach einiger Zeit langweilig, er fühlt sich schal und leer, hat schließlich an nichts mehr richtigen Spaß, muß sich immer irgendwie ablenken, um sich nicht tödlich zu langweilen – kurzum: das Leben wird unerfreulich. Oft geschieht freilich Schlimmeres: die seelische und geistige Gesundheit gehen kaputt, der Mensch trinkt zu viel, bekommt eine Alkoholleber und siecht dahin, er ißt und schläft zu viel und bekommt ein verfettetes Herz, das nur noch mühsam pumpt und vom Infarkt bedroht ist, er verschleißt sich im Streß der Sexualsucht, der Reisesucht, der geldgierigen Arbeits- und Erfolgssucht und handelt sich schließlich statt Glück eine chronische Krankheit und damit unversehens Unglück ein.

Dieser Trend hat besonders tiefgreifend das Leben vieler Frauen verändert. Wird die Frau veranlaßt, vor allem an sich selbst zu denken, so wird für sie die Aufgabe als Familienmutter immer häufiger zu einer Angelegenheit, der man besser aus dem Wege geht, die man am besten gar nicht erst anfängt oder so nebenher zu praktizieren versucht. Wenn die Devise heißt: Die Hauptsache bin ich und mein Recht auf Leben, wird es für sie zur Hauptsache, selbständig viel Geld zu verdienen, Reisen zu unternehmen, es sich in der Freizeit bequem zu machen, schick zu sein und Ansehen zu genießen. Aber vielen Frauen bekommt dieser selbstgesetzte Maßstab nicht. Nicht nur, daß manche unfreundlich werden, schnippisch, spitzig-scharf oder auch müde-gleichgültig – sie verlieren auch an seelischer Substanz und damit etwas, was früher das langhaarige Geschlecht für den Mann so anziehend machte. Aber nicht nur dies wird von manchen von ihnen dumpf als Mangel empfunden, auch ihre Lebensverhältnisse werden schwieriger, statt einfacher. Wie viele Mütter sitzen verzweifelt in meinem Sprechzimmer, weil die Schulschwierigkeiten, die Aufsässigkeit, die undankbare Roheit, manchmal auch die Kriminalität ihrer Kinder sie zu schwer Leidenden macht, und sie sehen ein: die Kinder waren viel zu viel sich selbst oder fremden Personen und Institutionen überlassen. Diese Kinder haben keine Bindung an ihre Mütter, sie nehmen keine Rücksicht auf sie und hören nicht auf ihren Rat. „Warum soll ich dankbar sein?" fragte neulich ein Millionärssohn seine Eltern, „wofür? – Ihr habt doch nur an Euch selbst gedacht, als Statussymbol war ich Euch gerade recht, sonst habt Ihr mich doch immer nur weggeschoben, wenn ich Euch ungelegen und im Wege war."

Wie viele Mütter gehen jetzt schon aus dem Großexperiment der Selbstbefreiung mit gebrochenen Herzen hervor, mit der für ihr Leben zu späten Erkenntnis, daß sie wenig gewonnen, aber viel verloren haben – nämlich die dankbare Liebe ihrer Angehörigen als Frucht ihres opferbereiten Mühens.

Aber nicht nur in der Familiengemeinschaft, sondern auch in allen anderen Gemeinschaften bekommt das Leben dort neue harte, grausame, ja gequälte Züge, wo der Mensch sich zum Maß aller Dinge setzt. In einer Ansammlung von Menschen, die ihre eigenen Rechte zum obersten Prinzip ernannt haben, ist keine Gemeinsamkeit möglich. Die Ansammlung solcher Menschen sinkt bald auf das Niveau von Tierkollektiven herab, in der mehr oder weniger offen, mehr oder weniger direkt das Gesetz der Hackordnung regiert und der Stärkere die Macht über den Schwächeren ausübt – eine Ordnung, die durch immer neue Umschichtungskämpfe, durch ein dauerndes Hick-Hack gekennzeichnet ist. Sowohl an dem Großexperiment der sozialliberalen Wohlfahrtsdiktatur Schweden wie auch an der kommunistischen Diktatur Rußland können wir ablesen, daß ungerechte Machtanmaßung sich unter Prinzipien dieser Art nicht auflöst, sondern sich im Gegenteil nach einer Phase der Umgruppierung neu verhärtet. Dies ist auch der Grund, weshalb Gemeinschaften, die das Recht auf Glück als höchstes Gebot auf ihr Programm setzen, scheitern müssen; denn die Betonung der Ich-Rechte gibt dem Ausdehnungsdrang des einzelnen den Freipaß zur Wucherung, macht immer neue Grenzkämpfe nötig, führt zur Friedlosigkeit, zu Neidreaktionen und zu Konkurrenz-, Rang- und Machtkämpfen, beschwört reaktiv Unterdrückung und damit Diktatur herauf, statt zur Harmonie einer Gemeinschaft zu führen, die sich freiwillig einer übergeordneten gemeinsamen Aufgabe unterstellt. In diesem Satz klingt bereits der Hauptnenner des Fazits der vielen

Einzelexperimente mit dem neuen Lebensstil an. In zahllosen anderen Sachgebieten läßt sich nachweisen: der Mensch hat nicht nur keine Aussicht, dauerhaft glücklich zu werden, wenn er sich selbst zum Mittelpunkt der Welt macht, er ist, wenn diese Devise durchgängig im ganzen Kollektiv praktiziert wird, gefährdet, sich und seine Gruppe so zu schwächen, daß die Überlebenschancen für eine solche Gemeinschaft erheblich beeinträchtigt werden. An dem fatalen Geburtenschwund in beiden Teilen Deutschlands läßt sich das besonders kraß ablesen. Man kann daraus lernen: diese Versuche des Menschen mit sich selbst finden unter gefährlich falschen Voraussetzungen statt; denn der Mensch irrt, wenn er meint, er sei das Maß aller Dinge. Seine negativen Erfahrungen sollten ihm die Erkenntnis bringen: Gott setzt unsere Maßstäbe. Die Bibel weiß das, sie sagt uns das von A bis Z. Wir Modernen sind nur so anmaßend zu glauben, uns darüber hinwegsetzen zu können. Im Buch Hiob wird dieser unser Hochmut in der Antwort Gottes aus dem Wetter von ihm als lächerlich angeprangert und sein Maßsetzen ganz direkt ausgesprochen. Dort heißt es:

„Wo warst du, als ich die Erde gründete? Sage an, bist du so klug!

Weißt du, wer ihr das Maß gesetzt hat oder wer über sie eine Richtschnur gezogen hat?

Worauf stehen ihre Füße versenkt, oder wer hat ihr einen Eckstein gelegt, da mich die Morgensterne miteinander lobten, und jauchzten alle Kinder Gottes?"

Über die Schöpfung hat Gott damals also ein festes Maß gesetzt, die Schöpfung hat etwas mit Ecksteinen und Richtschnur zu tun, sie hat eine feste Form, die unterscheidet und begrenzt. Daß der Akzent der Antwort auf dieser Gegebenheit beruht, wird durch die Aussage Gottes deutlich:

„Wer hat das Meer mit Türen verschlossen, da es herausbrach wie aus Mutterleib, da ich's mit Wolken kleidete und in Dunkel einwickelte wie in Windeln, da ich ihm den Lauf brach mit meinem Damm und setzte Riegel und Türen und sprach: „Bis hierher sollst du kommen und nicht weiter; hier sollen sich legen deine stolzen Wellen."

Schöpfung bedeutet Zähmung und Begrenzung. Ein „Damm" wird gesetzt, „Riegel" und „Türen" werden geschaffen. Schöpfung ist Abtrennung, ist feste Ordnung. Sie bedeutet ein klares Absetzen von der diffusen Unbegrenztheit der Anfangssituation. Schöpfung bedeutet Zähmung einer ungeheuren Gewalt, ein Herausnehmen aus der Ununterschiedenheit. Das Wesen der Schöpfung besteht in der Begrenzung des Urchaos. Und die Rolle des Menschen in diesem Schöpfungswerk ist bereits in der Genesis unmißverständlich ausgesprochen. Dort heißt es:

„Und Gott, der Herr, machte den Menschen und setzte ihn in den Garten Eden, daß er ihn baue und bewahre."

Danach ist der Mensch also keineswegs der Selbstmacher, der Selbstmächtige. Er möchte das zwar gerne sein – wie die erfolgreiche Einflüsterung der Schlange, er könnte sein wie Gott, nicht nur damals, sondern auch heute immer wieder deutlich macht. Jenseits von Eden benimmt er sich auch immer noch so. Aber er treibt sich damit nur in Tod und Verderben. Der Mensch kann den Maßstäben Gottes nicht entfliehen, genausowenig wie er der Gegebenheit entfliehen kann, daß er sich ernähren, erholen und bewegen muß. Er hat nur scheinbar die Freiheit, sich wie ein kleiner Gott zu benehmen. In Wirklichkeit ist er der Gärtner Gottes, und sein Leben gereicht ihm grundsätzlich nur zum Segen, wenn er diesen Auftrag und die Maßstäbe Gottes annimmt, statt seine eigenen durchsetzen zu wollen. Gärtner Gottes sein, den Lebensauftrag des Adam annehmen, das bedeutet, die Schöpfung zu erhalten, das Geschaffene zu hüten und fortzusetzen, dieses göttliche Werk unserer Erde in seiner grandiosen Ordnung zu pflegen und sich bei jeder Gelegenheit kämpfend dem Einbruch des Chaos, der Zerstörung, der Überwucherung entgegenzuwerfen.

Wieviel haben wir alle täglich zu tun, um an dieser großen Aufgabe mitzuwirken, wie klar kann sie uns Maßstäbe setzen für unser Tun und Lassen! Lauert nicht in uns und um uns täglich der Geist, der einstampfen will, der sich rächen, der beseitigen, zerschlagen, totmachen will? Leviathan, der Teufel, die alte Schlange, die Chaosmacht, lebt nicht nur in den Anarchisten, den Mördern, den Sadisten. In jedem von uns steht dieser Geist der Zerstörung, der Nivellierung, der Unordnung an jedem Morgen mit auf, und wir haben genug mit uns selbst zu tun, unseren Seelengarten täglich neu *so* zu pflegen, daß er nicht verwildert und sein Unkraut wie ein Urwald in uns wächst.

Gott will Ordnung in seiner Schöpfung. Er selbst hat sie aus der Urmaterie gestaltet, er selbst hat die Urkraft eingedämmt und für uns als täglich neuen Anruf geboten: Bis hierhin und nicht weiter! Seit dem Wirken Christi können wir klar die zweite Komponente im Maßstab Gottes erkennen: Er will in seiner Schöpfung die Gefahren der Chaosmacht mit Hilfe der Liebe, mit dem Geist der Vergebung und der Opferbereitschaft besiegen. Er stellt täglich der Riesenmacht der formlosen Materie seinen Geist, die Kraft zur schöpferischen Umformung und Gestaltung dieser Materie in Liebe und durch Liebe gegenüber.

Und unsere modernen Experimente zeigen uns, daß wir nicht die geringste Aussicht haben, mit dem Urmeer der Formlosigkeit und dem Chaos fertig zu werden, wenn wir uns nicht in klarer, einzig kluger, bewußter Verantwortung – religio heißt, Rückbindung – unseres Gottes und seines Maßstabes täglich neu, in allen unseren Entscheidungen versichern.

Gottes Maßstäbe an die Stelle der eigenen zu setzen, das heißt, von der Qual erlöst zu sein, sich selbst sinnlos wichtig zu nehmen. Wir brauchen dann zum Beispiel nicht mehr angstvoll in unseren Körper hineinzulauschen, ob sich ein Wehwehchen zeigt oder vielleicht eine Krankheit als Bote des Todes. Wir haben unter Gottes Maßstab gar keine Zeit, hypochondrisch von Arzt zu Arzt und von Kur zu Kur zu gehen. Es ist so wichtig, für ihn zu gärtnern, die eigenen Begabungen einzusetzen, mitzuhelfen, daß die Liebe in der Welt zunimmt. Es passiert uns nicht mehr, unsere Gesundheit übertrieben wichtig zu nehmen. Und nur *diese* Einstellung könnte auch unser so krankes, durch modische Hypochondrien aufgeblähtes Gesundheitswesen wieder zur Gesundschrumpfung bringen. Wir hätten dann auch keine Zeit, die Notwendigkeit, uns zu kleiden, zur Putzsucht entarten zu lassen, wir hätten Wichtigeres zu tun, als aus der Notwendigkeit schöner Ordnung in unseren Haushalten eine zeitverschlingende Putzteufelei zu machen. Wir könnten dann auch erkennen, daß wir einer überblähten Vergötterung der Kinder und der überblähten Selbstüberschätzung der Jugendlichen Einhalt gebieten müssen, und zwar indem wir ihnen vor*leben*, was es heißt, nach Gottes Maßstäben zu handeln. Wenn die Kinder an ihren Eltern die Haltung des Gärtnerns für Gott erleben, werden ihnen auch besser Grenzen gesetzt, und sie sind durch die wahrhaftige Haltung ihrer Eltern besser in der Lage, in ihnen tragfähige Vorbilder zu sehen. Das Elternpaar, das sich an Gottes Maßstäbe hält und diese Haltung im Alltag verwirklicht, ist für die modernen Jugendlichen glaubwürdiger. Denn solchen Eltern fehlt der Hochmut, und sie sind getragen von einer gerade Jugendlichen notwendigen überpersönlichen Einsatzbereitschaft.

Das alles ist Verwirklichung des Glaubens an Gott: indem wir über den Tellerrand unseres Egoismus hinausblicken auf das unsichtbare große Du über unserer Welt, auf *den* anderen hinter unserer Tür und danach auf *die* anderen hier, indem wir das *Du* unserem *Ich* überordnen, statt in den Teufelskreisen der Eigensucht steckenzubleiben.

Aus diesen Überlegungen wird deutlich, daß es sinnlos ist, „irgendwo" anzufangen, bei der Resozialisierung, bei der Änderung der Gesetze oder bei der Schaffung von mehr Reformen. Wir können, wir müssen wieder ganz von vorne anfangen. Die Rückbindung an Gottes Maßstäbe muß der erste Schritt sein, ohne sie kann diese Welt, das läßt sich voraussagen, nicht genesen. Ohne sie findet in den hochzivilisierten Ländern mit hohem Lebensstandard in ganz naher Zeit auf irgendeine Weise Apokalypse statt. Gottes Maßstäbe nur könnten die Ehen und Familien wieder gesund machen. Das Elend, die Mühsal und der radikale Bruch *dieser* Söhne heute mit ihren Popanzvätern von gestern kann nur dann zu einer guten Revolte werden, wenn die Jungen nicht in die Fußstapfen der Alten treten und sich nicht auch auf den Thron setzen, den Hausgott spielen, den Tyrannen mit dem totalitären Herrschaftsanspruch. Diese jungen Männer müssen sich mit der Demut eines anderen Maßstabes daran machen, mit ihren Frauen zusammen wieder die gute Arbeitsteilung des Ehepaares zu praktizieren, Liebe zu lernen zu ihnen angesichts eines Gottes, der sie selbst zu einem Instrument seines Zornes werden ließ. Nur wenn der so harte Generationenkonflikt unserer Tage *diese* Konsequenz hat, kann sich der verachtende Protest der Söhne rechtfertigen. Nur wenn ein solches sehr bewußtes Mühen um eheliche Harmonie daraus wächst, eine neue Priorität, die erkannt hat, wie immens wichtig die Achtung, die Rücksicht, die Gemeinsamkeit der Eltern als Nährboden zum Aufziehen von Kindern ist, haben wir Aussicht, daß Zukunft werde. Meines Ermessens ist diese Aufgabe für den Mann schwerer als für die Frau, bedarf der bewußten Anstrengung des ersten Schrittes des jungen Männergeschlechts, bedarf eines Einhaltens im Rasen nach Erfolg und Erfindung, Herstellung und Anschaffung, bedarf seiner Zurückwendung in den Urbereich, zur Familie hin, bedarf seines Suchens nach der Seele der Frau, seines Bemühens, sie zu erkennen. Ich glaube sicher zu sein, daß von der Frau all ihr qualvoller Plunder dann ganz schnell abfällt, daß all ihre „Häßlichkeit", ihr Hang zu Machtanmaßung und spitzzüngiger Rechthaberei von ihr genommen sein wird, wenn sie den seelisch offenen, den um wirkliche Liebe bemühten Mann erfährt. Die Frau, *jede* Frau ist davon abhängig! In dieser Hinsicht wird sie immer Rippe bleiben. Sie kann nicht leben und blühen ohne diese Achtung, die sich aus der Rückbindung nährt und erneuert. Die Dankbarkeit um diese „unmännliche" Bemühung des Partners allein macht die Frau schön, klug und kraftvoll. Nur durch diese seine Bemühung kann sie ihm die Hilfe geben, die er für seinen inneren Entwicklungsweg so lebensnotwendig braucht: das Einüben im Horchen, im Erspüren, für das die Frau im allgemeinen von Natur besser ausgestattet ist.

Wir können aus den Ergebnissen unserer modernen Großexperimente mit dem Menschen, der sich selbst zum Maßstab nimmt, so viel lernen! Wir müssen lernen, daß der Mensch weder durch die Vergottung des Egalitätsprinzips in der Ehe, noch durch eine Sozialrevolution, weder durch das Schlaraffenland noch durch das Arbeiterparadies noch durch Polarisierungen nach rechts und links gerettet werden kann, sondern nur, indem wir mit entschlossener Fröhlichkeit den schweren Sack unseres zunächst unbequemen Gärtnerauftrages aufnehmen, wenn wir mit dem Geist der Klarheit und Entschiedenheit an die Arbeit zu gehen verstehen.

Der freiwillige Gehorsam unter Gottes Maßstab ist unser Heil, ja unsere einzige Chance. Deshalb: Um Himmels und um euretwillen: Gebt unserem Gott die Ehre!

Lebenshilfe

Heilung durch Nähe
Seelisch Kranke brauchen uns
Herausgegeben von Barbara Bondy
Herderbücherei Band 548 · · ·   128 Seiten

Heinrich Kalbfuss
Wer hilft wo?
Herderbücherei Band 559 : : .   240 Seiten

Christian Michel / Felix Novak
Kleines Psychologisches Wörterbuch
Herderbücherei Band 514 : : : : :   384 Seiten

Dr. med. Klaus Thomas
Wirksam helfen – aber wie?
Lebenshilfe durch Laien
Herderbücherei Band 560 · · ·   160 Seiten

Paul Tournier
Jeder Tag ist ein Abenteuer
Herderbücherei Band 531 : :   224 Seiten

in der Herderbücherei